ちくま新書

暴走する能力主義
――教育と現代社会の病理

中村高康
Nakamura Takayasu

1337

まえがき

二〇一八年二月一四日に、高等学校の新しい学習指導要領の改訂案が公表された。報道によれば、「歴史総合」「地理総合」「公共」「理数探究」「論理国語」「文学国語」「古典探求」等といった多数の科目が新設される。内容的にも、「情報I」が必修科目となることで全員がプログラミングを学ぶことになるとか、「現代の国語」がやはり必修となり、スピーチ・議論の力を養ったり、説明資料をまとめるなどの力を養ったりする、といわれている。数学では統計的な内容が必修教科に組み込まれ、英語も、「四技能」の強調をはじめとして実用性を重視した内容が多く書き込まれている。これだけいろいろな変化があれば、高校教育現場がしばらく対応に追われるであろうことは容易に想像がつく。

学習指導要領の改訂はこれまでもだいたい一〇年に一度のペースで行なわれており、教育内容についての専門家でもない私は、教育に関する研究をしている者として改訂内容ぐらいはフォローしていたものの、傍観するのがいつものパターンだった。しかし、この高校学習指導要領改訂案を見て、なんとも表現しがたい不安に襲われた。学習指導要領の改訂でこんな気持ちになったことは、あの二〇〇〇年代初頭の「ゆとり教育」導入の時でもなかったことである。

その不安の正体は、いま冷静に考えてみるとわかるような気がする。それは、深い教育理念に根ざすわけでもなく、リアルな教育現場に根ざすわけでもない、それでいて形式的には一貫していて誰にでもわかりやすい実用主義的なイメージを旗印に、とにかく教育制度を変えたいと欲する、強い「意志」の存在である。それが誰の意志なのかは今もわからないが、とにかく批判や反論をおそらくはまったく寄せ付けないであろう固い「意志」を、私は今回の指導要領改訂案のなかに感じ取っていたのである。

私は大学入試の研究もこれまでに手がけてきたので、昨今の「高大接続改革」にも関心を持っている。実はそこでも、どれほど現場や専門家から反対意見があろうとも入試制度を是が非でも変えたいという頑ななまでの「意志」を見てきたので、学習指導要領の改訂とシンクロしてしまったのかもしれない。もっとも、実際のところ、今般の学習指導要領の改訂は、高大接続改革に対応したものであり、その方向性は一貫しているのである。そうなってくると、これはどちらも、同じ立ち位置から作動する共通の「意志」のなせる業なのかもしれない。

しかし、である。「生きる力」や「学力の三要素」によって貫かれた美しくも整合的な教育システムの図柄――実際に文部科学省によって作成された改革のポンチ絵などをみて本当に美しいと思ってしまったことがあるぐらい、一貫したストーリーによって上手に作り込まれた図柄――にこそ、私は逆にさらなる不安を感じてしまう。教育システムを一貫した思想によって塗り込めようとしてしまうことがいかにハイリスクなものかということは、これまでの歴史の示すところではなかっただろうか。もしその全体を貫徹する基本理念に大きな欠陥があったら、社会全体がその負債を将来的に、しかも長期的に抱え込むことになりはしないか。

心配性の私はそのように考えてしまう。しかし、今日の日本社会で起こっているさまざまな教育制度改革（あるいは、教育だけではないかもしれない諸改革）への私の不安は、必ずしも個人的な心配性という理由だけで生じているわけでもないように感じている。というのも、「改革」の理念というものが、しばしばどこかで聞いたことのある内容の言い換えにすぎなかったり、単なる繰り返しに過ぎなかったり、基礎となる現状認識がズレていたりすることが多いように感じられるからである。すなわち、「改革」という割には、その理念の基本的内容に新鮮味がなく、またリアルな感じがないことが多いのである。現状の制度の何がいけないのかがよくわからないまま、変えることだけが先に決まっているように見えることさえあるのだ。

学習指導要領の話に戻れば、学校の教育内容を規定するこの文書の背景には、将来子どもたちが身につけるべき資質や能力が想定され、それにしたがって教育内容が決められている。その意味で、学習指導要領は日本の教育システムが育成しようとしている「能力」の理念を表現している。しかし、その「能力」が、これまでとは異なる新しい時代に対応した能力であることを標榜しながら、実は陳腐なものの言い換えにすぎないもので一貫していたとしたら……あるいは、既存の「能力」を否定すること自体にその主張の本質があるのだとしたら……あまり想像したくはないのだが、私たちの社会は、そういうことが十分にありうるステージにいる。これが後期近代という時代に生じる能力論議の病的特質なのである。

本書では、私自身がこのように捉えている現代社会像を、私の専門である教育社会学の知識と私自身の理論的・実証的研究成果をベースにして可能な限りつまびらかにしたい。そうすることにより、通説的能力論を冷静に見ることができる足場を提供すること、これが本書で私がゴールにしたいと思っていることである。そして、流行の能力論と共振する、見えない「意志」の持ち主たちの心のなかにも、多少の逡巡を引き起こすことができれば、と願う気持ちもある。

もっとも、私自身は、単純な好みの問題として、政治や政策のために研究をする学者を目指してきたわけではなく、これまでも主に学問的な土俵の上で仕事をしてきた。だから、本書は、多少の社会的メッセージを含んではいるけれども、そのままアカデミックな研究成果として読んでいただいてもかまわないし、関心領域が異なる人であれば、ある種の教養的な書籍としてとらえていただいてもよいかと思う。実際のところ本書は、これまでの能力主義に関する議論の立て方とは距離を取り、能力論そのものが持つ現代的特質を独自の視点――メリトクラシーの再帰性――から描くことに力点をおいている。本書のタイトルである『暴走する能力主義』は、能力主義（＝メリトクラシー）が自らのあり方を問い直してしまう性質（＝再帰性）が現代において極度に高まっていることを示す比喩的表現であるが、これは、同じように現代世界がグローバル化する中で自らのあり方を激しく問い直し続けてしまう状況を『暴走する世界』と表現したイギリスの社会学者、アンソニー・ギデンズの著書のタイトルから採っている。その意味では本書は十分に学問的である。教育領域に限らず広く社会的に「能力」の問題にかかわる多くの方々に、本書を通じてなにがしかの考えるヒントを提供できれば、とも思っている。

なお、本書の企画・編集を担当してくれた筑摩書房の永田士郎さんには、当初の予想以上にずいぶんと長い時間お待ちいただくことになってしまった。それでも本書の内容に共感し、根気強く待ち、ときには励ましていただいたことで、本書を世に送り出せるところまでたどり着くことができた。この場を借りて厚く御礼申し上げたい。永田さんの期待に応えて、本書が長く読まれる書籍になることを、私も願っている。

平成三〇年三月一五日

中村高康

暴走する能力主義

――教育と現代社会の病理【目次】

第1章

現代は「新しい能力」が求められる時代か？

†戦後教育の中の「能力」

教育学の世界では、「能力」は昔から大きな問題領域の一つだった。例えば、私がまだ学生だったころ、長らく日本の教育学界を牽引してきた教育学者・堀尾輝久の授業を受けたことがあった。そこでトピックの一つとして大きく取り上げられていたのは、まさに「能力主義」の問題であった。最近、職場の耐震工事で二度ほど研究室の引越作業をした関係で、三〇年前のその授業のノートが埃をかぶって出てきたのだが、そこにはこんなことが書かれている。「本来平等指向であった能力原理が逆に差別を肯定する原理へと転換」とか「人間的諸能力ではなく、テストによる学校的能力、コンピュータによる偏差値的能力を重視」などである。思ったよりまじめに授業を聞いていたようだ。

それはともかく、なぜ教育学の主題の一つに「能力」ないし「能力主義」が取り上げられていたのだろうか。それは、この私の授業ノートからも読み取れるように、戦後日本の教育が学力を偏重し、受験一辺倒の詰め込み教育を行ない、成績や偏差値で輪切り選抜を行なった結果、子どもたちの本来あるべき発達や学習をゆがめてしまったのだ、とする認識が支配的だったからである。そうした状況認識を象徴するのが、教育学者の提唱してきた「一元的能力主義」批判であった。本来多様であるはずの能力の基準を学力に一元化してしまったことにこそ、当時の教育問題の元凶がある、とみなされていたのである。

ところが、である。いつの頃からか、「一元的能力主義」への批判は弱まっていったのである。考えられる理由はいくつかある。一つは、こうした教育学的言説に「きれいごと」を読み込んでしまった人々が一定数いたであろうことである。つまり、教育現場だけで学力試験やテストによる能力評価を拒否しようにも、社会の側にそれを許さない現実があると認識する人々がいた。そうした人々にとっては、一元的能力主義批判は、聞けば聞くほど怪しい説に聞こえたはずである。私の専門分野である教育社会学という学問分野は、どちらかというとこうした教育学的言説に「きれいごと」を見てしまう傾向があり、それがこの学問分野の限界でもあると同時に、一定の読者を獲得してきた理由ともなっていたように思われる。

しかし、もう一つの原因のほうが個人的には大きいように思う。それは、現実の教育が、教育学の示唆にしたがい、多様な能力基準を受け入れる方向で動いてきた（これはある意味で教育学の「成功」といえる）ということである。

多様な能力に応じた教育というテーゼは、すでに一九七一年の中央教育審議会答申「今後における学校教育の総合的な拡充整備のための基本的施策について」（通称「四六答申」）でも指摘されているが、それが具体的な施策となって実現したのは、もう少し後の時代のことである。特に、「能力」の基準に関する変更で大きな出来事といえるのは、一九八九年の学習指導要領改訂に伴う新しい学力評価方式（「新学力観」と呼ばれた）の全面的な導入である。

†教育政策に見る能力の多様性

「新学力観」というのは、教科ごとに5とか3とかをつける成績だけではなく、それぞれの科目に対する関心や意欲や態度などを含めた複数の観点から学力を評価する考え方である。中高年層にはなじみの薄い世代もいるだろうが、現在ではむしろこれが当たり前の評価の方式である。まさに、能力の多様性を評価することを目指すものだ。具体的には、学校における児童・生徒の公式な成績等の記録である「生徒（児童）指導要録」につける成績を、教科別に観点ごとにそれぞれつけていくということである。例えば、国語の場合であれば、観点は「国語への関心・意欲・態度」「話す・聞く能力」「書く能力」「読む能力」「言語についての知識・理解・技能」といった観点である。確かにそういわれてみれば、国語で評価すべき能力は多様であるはずなのに、昔はそれを一次元的に五段階尺度で測っていたのであり、むしろ昔のやり方のほうがはるかに無理があったようにも思えてくる。

さらに今日では、「生きる力」という能力も強調されるようになっている。これは、簡単に言ってしまえば、知・徳・体のすべての力を総合したようなものだが、公式には次のように表現されている。

（前略）……このように考えるとき、我々はこれからの子供たちに必要となるのは、いかに社会が変化しようと、自分で課題を見つけ、自ら学び、自ら考え、主体的に判断し、行動し、よりよく問題を解決する資質や能力であり、また、自らを律しつつ、他人とともに協調し、他人を思いやる心や感動する心など、豊かな人間性であると考えた。たくましく生きるための健康や体力が不可欠であることは言うまでもない。我々は、こうした資質や能力を、変化の激しいこれからの社会を［生きる力］と称することとし、これらをバランスよくはぐくんでいくことが重要であると考えた。（中央教育審議会「21世紀を展望した我が国の教育の在り方について」第一次答申、一九九六年）

生きていくためには、知的な能力も重要だし、周囲の人たちと協調していけるだけのモラルも必要だし、体力も必要だ。これまでの一元的な能力の見方から多様で多元的な能力を総合的に評価する方向に舵を切り、これらを育てていこうという方向である。これも至極もっともな見方である。なぜこれまでこうした考え方が出てこなかったのか不思議に思われる読者も多いことだろう。

さらに近年では、「キャリア教育」という考え方がしばしば取りざたされるようになってきている。この文脈でよく取り上げられてきたのは、「キャリア発達に関わる諸能力」である。能力を4領域8能力に分類し、これらが児童生徒の成長の各時期において身に付けることが期待される能力・態度の例として示されている(図表1-1)。一つひとつを取り上げて言及することはしないが、これらの諸能力の中には、昨今よく取り上げられるようになってきた「コミュニケーション能力」も含まれている。

要するに、多様な能力を評価し、育てていくということは、教育政策に関していえば、すでに数十年前から強調されてきた路線であり、それがさまざまな形で言い方を変化させながら継続されているということである。「一元的能力主義」を批判する声が聞こえなく

領域	領域説明	能力説明
人間関係形成能力	他者の個性を尊重し、自己の個性を発揮しながら、様々な人々とコミュニケーションを図り、協力・共同してものごとに取り組む。	**【自他の理解能力】** 自己理解を深め、他者の多様な個性を理解し、互いに認め合うことを大切にして行動していく能力
		【コミュニケーション能力】 多様な集団・組織の中で、コミュニケーションや豊かな人間関係を築きながら、自己の成長を果たしていく能力
情報活用能力	学ぶこと・働くことの意義や役割及びその多様性を理解し、幅広く情報を活用して、自己の進路や生き方の選択に生かす。	**【情報収集・探索能力】** 進路や職業等に関する様々な情報を収集・探索するとともに、必要な情報を選択・活用し、自己の進路や生き方を考えていく能力
		【職業理解能力】 様々な体験等を通して、学校で学ぶことと社会・職業生活との関連や、今しなければならないことなどを理解していく能力
将来設計能力	夢や希望を持って将来の生き方や生活を考え、社会の現実を踏まえながら、前向きに自己の将来を設計する。	**【役割把握・認識能力】** 生活・仕事上の多様な役割や意義及びその関連等を理解し、自己の果たすべき役割等についての認識を深めていく能力
		【計画実行能力】 目標とすべき将来の生き方や進路を考え、それを実現するための進路計画を立て、実際の選択行動等で実行していく能力
意思決定能力	自らの意志と責任でよりよい選択・決定を行うとともに、その過程での課題や葛藤に積極的に取り組み克服する。	**【選択能力】** 様々な選択肢について比較検討したり、葛藤を克服したりして、主体的に判断し、自らにふさわしい選択・決定を行なっていく能力
		【課題解決能力】 意思決定に伴う責任を受け入れ、選択結果に適応するとともに、希望する進路の実現に向け、自ら課題を設定してその解決に取り組む能力

（出所）文部科学省『小学校・中学校・高等学校 キャリア教育推進の手引』2006 年, p. 4

図表 1－1　4 領域 8 能力の例示

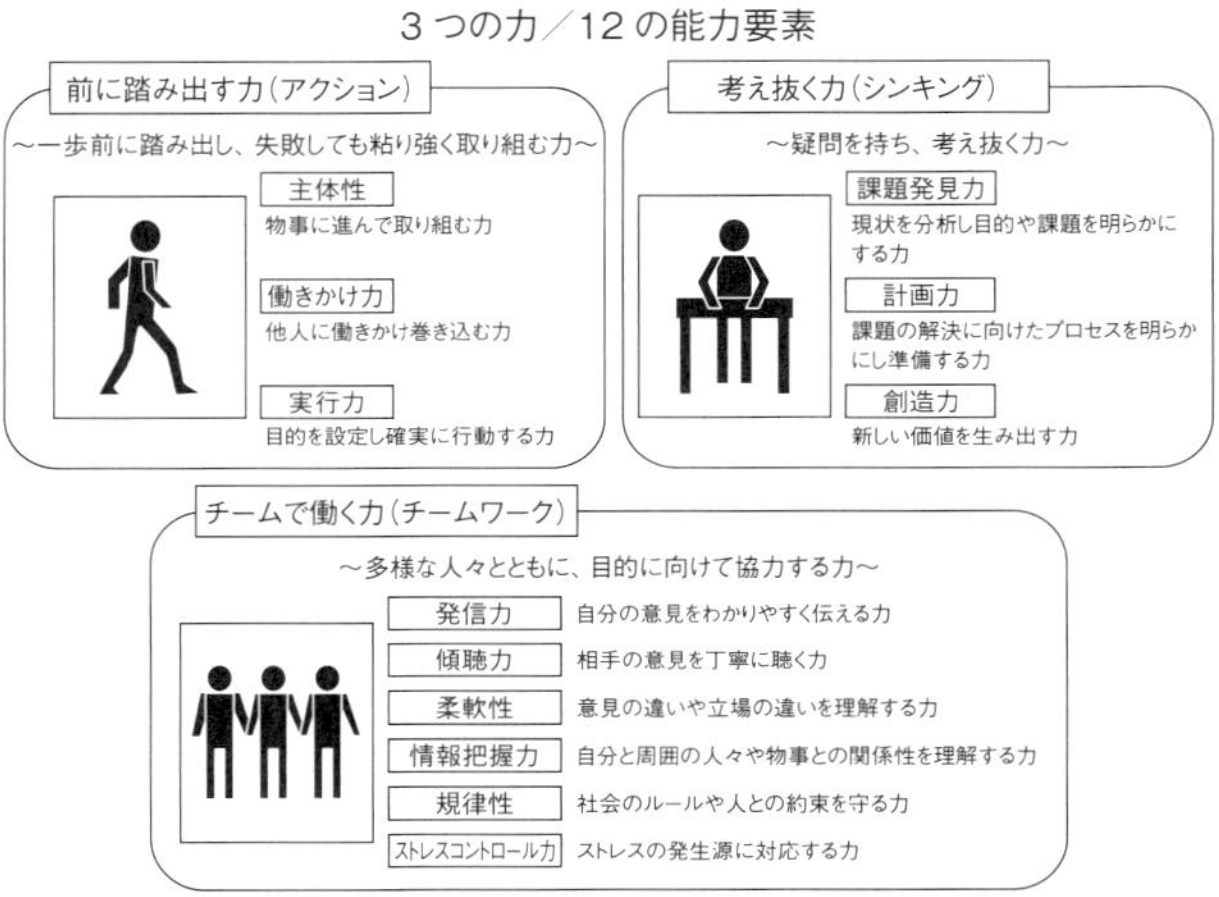

（出所）経済産業省編（2010）, p. 5

図表1－2　「社会人基礎力」の構成

なってきたのも当然といえよう。

†教育の外側でも……

ところで、こうした議論のパターンは、文部科学省の政策に限ったことではない。経済産業省でも、昨今の人材育成に関わる課題、とりわけ若年層に足りないと見られる「仕事の現場で求められている能力」について検討し、二〇〇六年に「社会人基礎力」という言葉を発表した（経済産業省編 2010）。

これも、さきほどの「キャリア発達に関わる諸能力」にきわめて類似している。こちらは三つの力、一二の能力要素で構成されている。図表1－2にも示してあるが、三つの力とは、「前に踏み出す力」と「考え抜く力」そして「チームで働く力」である。

いずれにしても、単純な知識や技術の習得のみを問題としているのではないことは明らかであろう。むしろ、能力の多様性を積極的に肯定し、それらをバランスよく育てていくことが重視されているといってよいであろう。

海外でも同様である。PISA（生徒の学習到達度調査）も手掛けているOECD（経済協力開発機構）は、これまでの国際調査に用いられたコンピテンシー（能力とほぼ同義に用いられるが、近年よく使うようになった用語である）に関する研究課題と各国の教育政策や労働政策を整理し、将来行なわれる国際調査に共通する能力の概念を一つにまとめる事業として「コンピテンシーの定義と選択：その理論的・概念的基礎」なるプロジェクトを立ち上げた。一九九七年のことである。通称DeSeCo（デセコ。英語ではDefinition & Selection of Competencies の略）と呼ばれるこのプロジェクトは、子どもだけではなく成人の能力概念をも整理しようとするものである（Rychen & Salganic 2003＝2006）。ここでもやはり多様な能力が前提となっている。ここで提示された「キー・コンピテンシー」の内容を見ると、やはり能力を大きく三つの次元に分解して理解している。具体的には、「異質な集団で交流する能力」「自律的に活動する能力」「相互作用的に道具を用いる能力」である。第一のものはコミュニケーションや協調性の能力として大まかには見ることができるし、第二のものは「社会人基礎力」の「前に踏み出す力」にどこか似ている。第三のものは、言語や計算などを有効に使う能力であり、知的な操作に関連した、見方によっては学力とも関連の深そうな能力と見ることができる。

†似たような能力論議

ここまで読まれた読者の中には、「そろそろ飽きてきた」と感じている人もいるであろう。実は私自身が書いていて、これ以上書く気がしない。というのも、これらの議論はとても類似していて、しかもさほど目新しい能力が唱えられているわけでもないからである。日本の文脈に限っても、これだけ似たものが違う名前でいろいろ出てくると、正直やや食傷気味になっているのは私だけではないと思う。ちなみに、朝日新聞の週末別冊誌「be」の二〇一二年一二月八日版には「いらいらするカタカナ語」ランキングが掲載されていたが、その第一位となっていたのが、さきほど紹介した「コンピテンシー」であった。おそらくは意味内容がわかりにくいわりによく使われており、それでイライラさせられる人が多かったのであろう。

こうした能力論議に関する優れた整理・考察を行なっている松下佳代編著『〈新しい能力〉は教育を変えるか』(2010)では、現代において頻繁に議論されるようになってきた諸能力を〈新しい能力〉と総称したうえで、その〈新しい能力〉概念の氾濫現象を日本に限らず先進諸国共通に見られる傾向だと指摘している。

私が不思議に感じるのは、まさにこの点である。なぜ、こうまでしてあちこちで新しい能力観について大々的に議論が始まってしまうのだろうか。教育社会学者の本田由紀は、このようにややもすると全人格的要素までもが能力評価の俎上に載せられてしまうような社会状況を「ハイパー・メリトクラシー化」ととらえ、そうした趨勢を唱える能力言説の増大を「ハイパー・メリトクラシーの大合唱」と巧みに表現している。そして、こうした時代的趨勢への抵抗戦略を描いている(本田 2005)。

一方、さきほど触れた松下らの研究は、ハイパー・メリトクラシー言説におおむね対応する〈新しい能力〉概念の氾濫を批判的に退けるだけではなく、それらを手なずけ飼い馴らすことが目指されている。しかし、本書でこだわりたいのは、時代趨勢を所与とした抵抗戦略や飼い馴らしに進む前に、そもそもこうした時代趨勢を語る言説の拡大自体が持つ社会的意味を理解することにある。

現代社会に見られる多くの能力論議は、これからの時代に必要な「新しい能力」を先取りし、それを今後求めていこうとする言説の集まりである。本書では、これらが時代の転換を先取り、ないし適確に指摘した議論であるというよりも、こうした議論のパターンこそが現代社会の一つの特性なのだ、という立場を展開していこうと思っている。実のところ私は、新しい時代にコミュニケーション能力や協調性、問題解決能力などといった「新しい能力」といわれるものがこれまで以上に必要とされている、とはあまり思っていない。誤解を与えそうなので急いで補足しておくが、現代においてこれらの能力が不必要であるといっているのではない。ただ、それらはこれまでも求められていたし、これからも求められるであろう陳腐な能力であって、新しい時代になったからはじめて必要ないし重要になってきた能力などでは決してない、ということなのである。理由は後述するが、ここでは私のスタンスだけあらかじめ明確にしておく。むしろ私の考えはこうだ。

いま人々が渇望しているのは、「新しい能力を求めなければならない」という議論それ自体である。

こうした前提に立った場合に世の中の見方が変わってくるのではないか、というのが本書でこれから繰り返し論じていく主張である。

†「新しい能力」に対置されるもの

ところで、新しい能力主義の時代の波が押し寄せてきたとみなす議論においては、当然のことながら、これまでの能力評価の枠組みではこれからの時代には不十分である、とする主張がセットでついてくるのが、お約束である。つまり、古い能力評価の枠組みや能力観というものがあり、それがこれまでは支配的であった、しかしそれだけでは立ちゆかなくなる、だから「新しい能力」を求めなければならない、というストーリー仕立てになっている。その際によく持ち出されるのが知識偏重批判の議論である。

日本におけるこうした議論のもっとも典型的な例は、国立教育政策研究所の「21世紀型能力」の議論であろう。ネーミングからして、新しい時代の趨勢を明確に表示しているからである。これについて、同研究所の報告書のなかに、その議論のトーンをわかりやすく表示してくれている一節がある。

本研究では、21世紀型能力をすべての教科等に共通する汎用的能力として明確に示すことで、「世の中について何を知っているか」から「世の中に対して何ができるか」へと教育のあり方を転換し、教育の内容、方法、評価の改善を促すことを目指している。（勝野 2013、三〇頁）

ここに表現されているのは、従来の教育のあり方を「世の中について何を知っているか」という教育だと同定し、それを乗り越えようとする考え方である。ここで、どうしてもひっかかるのは、これまでの教育が本当に「何を知っているか」ばかりをやってきたのかどうか、私たちの社会はそこまで知識偏重の社会を作ってきたのかという疑問である。同報告書は次のようにも述べる。「変化の激しい社会においては、学校で学んだ知識や技能を定型的に適用して解ける問題は少なく、問題に直面した時点で集められる情報や知識を入手し、それを統合して新しい答えを創り出す力が求められている。なおかつ、アイデアや情報、知識の交換、共有、およびアイデアの深化や答えの再吟味のために、他者と協働・協調できる力が必須となってきている」（同書、一二頁）と。問題解決能力や協調性、コミュニケーション能力といった半ば人格的な要素まで含めて、これからは必要になるという話（＝典型的ハイパー・メリトクラシー言説）なのだが、はたして今まで私たちの社会は本当にそれらを無視してきたのだろうか。

†『サザエさん』のなかの東大受験生

「新しい能力」が必要となる時代が押し寄せてきたことを論証するには、過去において「新しい能力」があまり評価されていなかったか、あるいは知識の習得に著しく能力評価が偏っていたという歴史的状況が必要となってくるが、個人的にはどうもそうした感覚が共有できない。十分に反証できるわけではないが、私が対立仮説を持ち出す相応の理由があるということだけでも読者の皆さんには理解していただく必要があるので、いくつか例をあげてみたいと思う。

子どもの頃、私の実家には『サザエさん』の単行本がたくさんおいてあった。おそらく親が好きで買っていたものだと思うが、そこでは時折、学歴や入試を話題にした作品が混ざっていたのを記憶している。その中で私が覚えているものに、次のような四コママンガがある。公園のようなところで人夫風のお世辞にもきれいな身なりとはいえない男性二人

（出所）『サザエさん』第51巻, p. 58

図表1-3　東大受験生を素材とした四コママンガ

がなぜか哲学的な会話をしており、一人が「おめえあんがい学あるなア！」というともう一人が「これでも東大のてつがく科出たんだ！」という。たまたまその近くにいてそれが耳に入った受験生風の人物は、驚いたような混乱したような顔で立ち去っていく。これは実は東大受験生の頭を少し冷やしてやろうとした男たちの芝居だった、というオチである。マンガを言葉で説明するだけではわかりにくいし、また無粋でもあるので、そのマンガそのものを載せておこう（図表1－3）。このマンガに出てくる受験生のようすはどうだろうか。「東大狂の受験生」という表現だけでも、いかにも勉強だけをしていて視野が狭くなっている受験生をたしなめるようなニュアンスがあるが、さらにその熱を冷ましてやろうというのだから、人夫風の男たちのほうがむしろ善良で優れた生活感覚（生きる力？）の持ち主であるかのように描かれているようにさえ見える。

（さくらももこ『ちびまる子ちゃん』⑥, p. 36）

図表1－4　丸尾君

この四コママンガに象徴的なように、昔からマンガやドラマなどでは「勉強だけが取柄の秀才君」のようなキャラクターが、しばしば頭が硬くてちょっと周囲から浮いてしまう存在として登場させられてきた。『ちびまる子ちゃん』でいえば、丸尾君のような人だ（図表1－4）。「ガリ勉」という言葉があり、またインターネットで検索してみると「ガリ勉キャラ」という言葉を使っている人もいるようだが、そもそも勉強ばかりをガリガリしている「ガリ勉」はポジティブな意味では普通用いられない。むしろ偏ったキャラクターを示す用語である。これらのことから容易に推察されるように、私たちは日頃から「勉強だけができる人間」を、総合的に見て必ずしも「能力がある」とは見ていないし、それはかなり昔からそうだったといえるのではないだろうか。

図表1-3のサザエさんのマンガは一九六六〜六七年ごろの作品である。図表1-4の『ちびまる子ちゃん』は一九七〇年代前半ぐらいの時代の話だとされている。「ガリ勉」という用語は、小学館の日本国語大辞典では一九六九年の用例が掲載されている。朝日新聞の一八七九年からの記事全文が収録されている新聞記事データベース『聞蔵Ⅱビジュアル』で「ガリ勉」をタイトル検索すると、ここでいう意味に合致した初出例は一九六四年一二月八日の主婦の投書のタイトルである。一八七四年からの記事検索が可能な読売新聞のデータベース『ヨミダス歴史館』では初出は一九六一年である。こうしてみると、一九六〇年代ぐらいから、ネガティブキャラとしての「ガリ勉」は一般に広く浸透してきたとみてよさそうである。ということは、その時期にすでに「勉強だけではダメ」という価値観が広く一般化していたことを意味している。

もちろんそれより前にも、「ガリ勉」とは異なる人間の特性を評価する視線がやはり存在していたことをこれから示そうと思っているが、少なくとも私たちは、今から五〇年ほどまえにすでに、今であればハイパー・メリトクラシーと呼びたくなるような能力評価の観点をかなり広汎に共有していたと考えることができるのである。

†大正後半〜昭和初期の大卒採用

このように考えてみれば、「かつてはガリ勉は高く評価されていたけれども、最近では勉強だけではダメで、人間性とかコミュニケーション能力などの非定型な能力が評価されるようになりつつある」とか、「受験戦争で知識の詰め込みばかりやってきたヤツは変化の激しい今の時代では通用しない」といった議論を、さも最近の新しい傾向であるかのように語る言説に私が引っ掛かりをおぼえる理由をわかっていただけるかと思う。要は、かつて本当に「丸尾君」のようなガリ勉は無条件で高い評価が与えられていたのか？　そんな時代は本当にあったのか？　という疑問である（丸尾君にはたいへん申し訳ない疑問だが）。

実は、「新しい能力」としてあげられる能力に近い能力観というのは、かなり古くからみられる能力観である。一つの例として、大卒者の採用場面での能力評価を取り上げてみよう。

福井康貴は、現代的な意味での大卒者の「就職」と同系の自己本位の職業選択のあり方の成立を、大正後半から昭和初期の企業の採用方法の変化のなかに見出している。具体的には、それまで他者の紹介と厳格な学校成績による選抜を中心にしていた採用のやり方が「人物」に焦点化されるようになっていったというのである。

成績については、かつては一点二点の差異がそのまま採否の別に反映されていたのに対して、大正後半から昭和初期においては、「かなりハードルが下がっているのが見てとれる」（福井 2008、二〇九頁）。成績は第一次選考の足切程度のものとなり「大学が発行する成績の効力が相対的に解除された空間へと変貌した」という（同二一〇頁）。他者の紹介についても、この時期以降には、現代の「コネ」同様に否定的なニュアンスを帯びたものとなり、逆に「『あるがままの自分をむき出し』にして面接試験に臨むことが正当な振る舞いとして期待され」（同二一〇頁）るようになったのだというのである。

私自身もかつて大卒就職の研究をしていたことがあり、その手の歴史資料を一度みたことがあったので、福井の説は素直に受け入れることができる。それはまさに福井の指摘する期間に合致する昭和五年の就職対策本であった。そこには、次のような記述がある。

三菱ではどう云ふ人を採用するかと云へば云ふまでもなく人物本位である（壽木1930、七七頁）

「云ふまでもなく人物本位」という表現を見ていただければ、この時期の採用活動がいかに「人物」に焦点化していたかがよくわかる。また、一方で、この時期の大企業では大学別賃金格差を制度化していた企業が多数あったことを踏まえると（尾崎 1967）、「人物」を評価しようとする能力観は、必ずしも明確な実態を伴わなくとも、いとも簡単に表明可能な言説であるということも、覚えておいたほうがいいかもしれない。

いずれにしても、大正後半から昭和初期といえば、おおざっぱにいえば一〇〇年近く前である。ここでの話はまだ進学率が高くない時代のことであるのでエリート層限定の話ではあるが、「学力だけではダメで人間力も必要だ」式の考え方自体はすでにおよそ一〇〇年前にはかなり一般化していたのであって、これが現代的で新しい能力だ、とはとてもいえそうにない。

†五〇年前のアメリカでも「新しい能力」？

そのことは別の文献からも指摘できる。それは欧米の社会学的研究のなかにある。C・ライト・ミルズ（C. Wright Mills）の『ホワイト・カラー』（1951＝1957）は社会学では早い段階での中流階級の姿を包括的に描いた、もはや古典ともいえる研究である。その第一二章には「成功」と題する章があり、ホワイトカラーの成功の要因が描かれているのだが、そこでの説明は、全人格的な評価を受けることがホワイトカラーの成功の秘訣と書かれているようにさえ読める。

今では、能力よりも機敏さが、また公開市場で身体を張って競争することよりも、同僚や上役とうまく折り合ってゆくことが大切である。何を知っているかよりも、誰を知っているかが、道徳的な誠実さや堅実な性格よりも、人前を上手にとりつくろって好印象を与える技倆とか人づきあいの一般的なコツを身につけることが、企業家としての熟練した識見よりは、自分が雇われている企業に対する忠順感あるいは極端な場合はそれとの一体感をもつこと、のほうが重視される。

特殊な才能や管理的手腕があれば、昇進の可能性が増すだろうが、それにも増して重要な条件は人柄である。それは、具体的には、「性格や風采や魅力によって他人の注意を惹きつけるような」人柄であり、「好ましい人柄の裏付けのないたんなる博識はかえってマイナスであり、人柄がよくて勤勉であればこの上ない」

（前掲書、二四七頁）

このように、ミルズによれば、一九五〇年代アメリカのホワイトカラーの成功に特に求められるのは、人柄や機転などであって「好ましい人柄の裏付けのないたんなる博識」はかえってマイナスだと判定されている。どこかで聞いたような話ではないだろうか。

もう一つアメリカの例を挙げておこう。アメリカの社会学者デヴィッド・リースマン（David Riesman）は、これも古典的な名著である『孤独な群衆』（1961＝1964）のなかで、かつての「伝統志向」「内部指向」との対比で現代人を「他人指向」として類型化したことで有名である。他人指向とは、個人の方向付けを決定するのが同時代人であって、「他人指向型の人間がめざす目標は、同時代人のみちびくがままにかわる」（同書、一七頁）のである。そうした時代であるからこそ、「なめらかに人と話し合いをしてゆく能力を持っている他人指向的なタイプの人間たちには、めぐまれたチャンスが用意されているもの」なのである（以上、同書一二二頁）。こうした指摘を読むと、現代日本で強調されているコミュニケーション能力は、少なくともリースマンが著書を刊行した一九六一年当時にはすでにアメリカで十分に浸透していた見方だといえるのである。

これらの例が示す通り、今から五〇年以上前のアメリカにおいても、具体的なスキルや知識、学力といった比較的定型的な能力だけではなく、人間存在全体に関わるような非定型の能力が重要になってきていることが指摘されている。ことは日本だけの問題ではない。アメリカにおいても、昔から「新しい能力」は指摘されてきたように見えるのだが、いかがだろうか。

このように見てくると、「かつては知識や学力ばかりを求めていたが、最近では人間力やコミュニケーション能力も求められるようになっている」という論陣を張る人たちの過去の理解の仕方には大きな欠陥があるのではないかと疑いたくなるのである。

†ヨーロッパでも同じ

これ以上例を挙げなくてもいいかもしれないが、昨今の「新しい能力」論議のしつこさを考えると、こちらもある程度しつこくしておいたほうがいいかもしれないので、念のため、イギリスとフランスの話も簡単に付け加えておこう。

イギリスを例に持ち出したかったのは、ここがいわゆる「ノブレス・オブリージュ」の伝統があり、単なる博識さだけではエリートとしてふさわしくないとする規範がもともとある社会だということを多くの人に思い出していただくためである。イギリスには、オックスフォード大学やケンブリッジ大学に多くの進学者を輩出するパブリック・スクールという学校がある。ここは寄宿制をとっているところが多く、その寄宿生活の中で人格的陶冶がなされるといわれてきた。こうした実態が紹介された『自由と規律』は岩波新書のロングセラーであった（池田 1949）。ずいぶん昔から日本では紹介されてきたわけであるが、もっと新しい時代においても、パブリック・スクールについては多くの紹介書籍がある。いずれにしても、ここで人格的な要素が能力の評価に組み込まれているのは明らかである。

フランスは、イギリスとは異なる部分も大きいが、国家的エリートの選抜に、やはり知識量や学力のようなものだけではない全人的要素が評価されるという話はやはりある。フランスの社会学者、ピエール・ブルデュー（Pierre Bourdieu）の『国家貴族』（1989＝2012）

は、フランスを代表するエリート養成機関であるグランゼコールを素材に、彼の〈界〉とハビトゥスの理論を適用して分析した大著である。古いものでは数百年の歴史をもつグランゼコールのなかで、比較的新しいタイプのグランゼコールであるエナ（国立行政学院）の台頭が指摘されている。そこで紹介されている一九六九年のエナの入試の面接委員の記録によれば、面接によって測られる能力は「人間的な質」（同書、五四四頁）だと明確に指摘されている。いずこも同じという感は否めない。

†サービス職と「新しい能力」の関係

ところで、この二つのアメリカの研究事例やフランスのエナの事例が示す意味はもう一つある。それは、対人的な仕事に必要なスキルがしばしば「新しい能力」的なものであったのではないか、ということである。もしそうであるとすれば、そのような仕事が増えるにしたがって、人間力やコミュニケーション能力が求められる機会も増え、社会全体としてそのような能力観が重要なもののように見えてくるだろう。そうであるならば、職業構成の変化という外在的な変化ではあるが、ある種の能力観の時代的転換という議論は十分に説得的である。というのも、第三次産業が拡大し、サービス業の就業人口が増えるとい

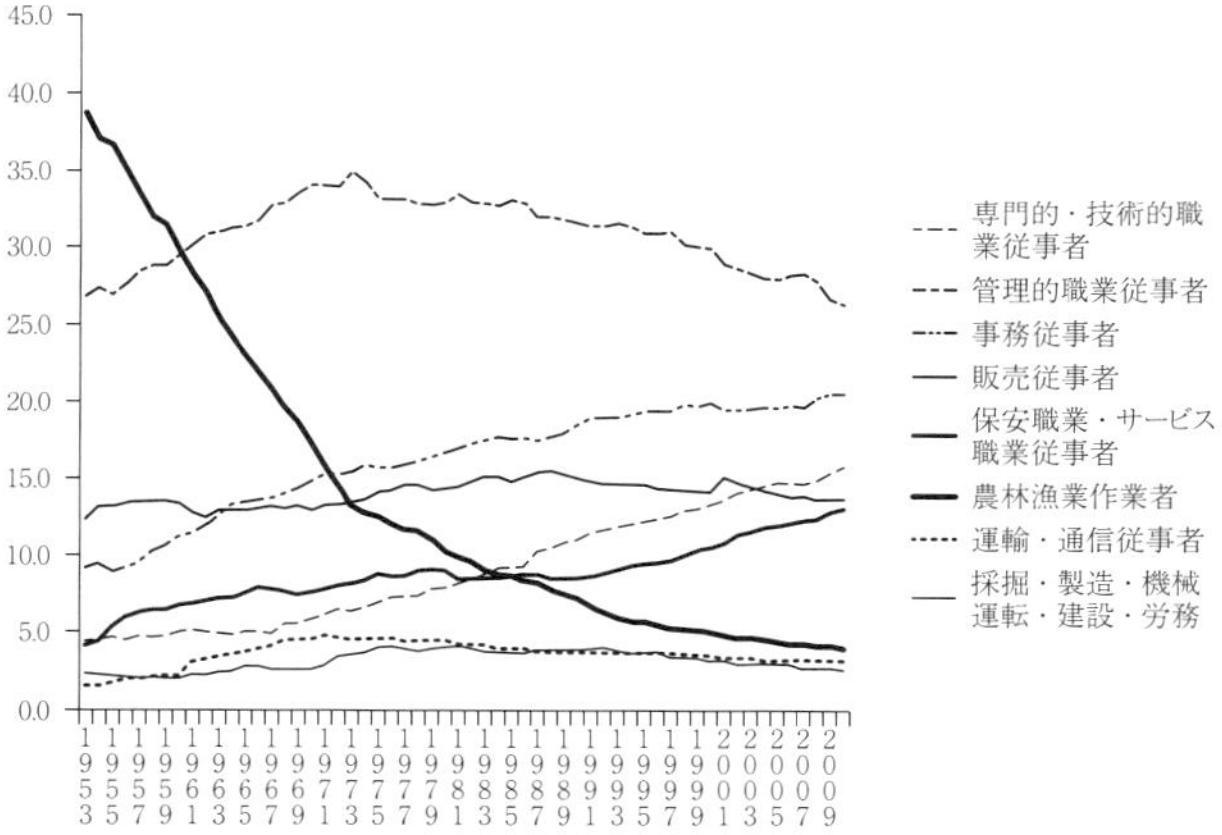

（出所）総務省統計局『労働力調査』より

図表1－5　日本における職業（大分類）別就業者の割合（%）

う大まかな傾向は、先進国では往々にしてみられる現象だからだ。

ところが、この仮説も、日本の職業構成のデータを見ながらよくよく考えてみると微妙につじつまが合わない。確かに、サービス・販売職の能力評価には対人的な要素がからむと予想される。しかし、肝心のサービス・販売職の拡大は、多様な能力論議が起こるはるか昔から長期的趨勢として起こっていることなのである。図表1－5は、総務省統計局の労働力調査のデータから、職業大分類別の就業者構成比率の推移を示したものであるが、長期的に見ると、農林漁業作業者がこの一世紀近くの間に劇的に減ったことがもっとも大きな趨勢であり、また第二次産業の動向にも連動するブルーカラー系の労務的職業が高度成長によって拡大したのち、少しずつ減少している傾向も明確である。その二つの大きな変化に続いて、専門・技術・事務・販売・保安・サービス職が戦後を通じて徐々に拡大してきたことが、第三の大きな流れとなっている。そして、これは近年生じた変化ではない。戦後七〇年を通じて徐々に変わってきたのである。さらに付け加えておくと、販売職に限定すれば近年はむしろ減少傾向さえある。

国勢調査でも同類の傾向が確認できるのだが、さらに国勢調査では職業小分類レベル(すなわち私たちが具体的にイメージできる職業名のレベル)の就業者数の増減もある程度把握できる調査になっている。そこでこの三〇年ほどで増加しているサービス職の中身を見てみると、どうやら介護関係のサービス職が激増している。「どうやら」などとあいまいに言ったのは、三〇年前の統計には、そのようなカテゴリーがないからである。そのこと自体が、介護サービス職の劇的増加を示唆している。つまり、かつての統計では、介護サービス職はまとめてカウントするに値しないほど小規模で認知度も低かったのだと推察される。そして、平成二二年の国勢調査では、介護サービス職業従事者が一二六万人と、一大勢力になっていることが確認できる。おそらく近年のサービス職の増加にもっとも寄与している具体的職業は、介護サービス職である。

日本において介護サービス職は、少子高齢化社会を支える職業として時代的に拡大する必然性がよくわかる。しかし、それは長期にわたって少子化に歯止めをかけられない日本という社会に特徴的な事情が強く作用していると推測される。こうしたサービス職の拡大をもって、対人関係能力のようなものを二一世紀のグローバル社会に対応できる「新しい能力」としてみんなが習得すべきものと理解すべきだろうか。サービス職はこの三〇年ぐらいは、介護職など特定の職業領域で大きく拡大している。具体的に一九八五年と二〇一〇年で比較可能な職業カテゴリーについてみると、国勢調査のサービス職でもっとも増えているように見えるのは、介護サービス職についでは調理人である。一六一万人から一九四万人、差し引き三三万人の増加である。次に目立つのが娯楽場等接客員（例えば遊園地や劇場での案内やチケット売り場の職員などで、これら施設に勤務する多くの人が含まれる）でおよそ二〇万人の増加、その次が給仕従事者（レストランのウエイターなど）で一四万人ほどの増加である。仮に介護サービス職が劇的に増えたと仮定してそのままこれらの数値と合計すると、数字上のサービス職の増加合計、約二六五万人のおよそ七割を超える数値になる。端的に、介護サービス以外は昔からある職業であり、これらの増加が「新しい能力」を必要とする根拠にはあまりならないだろう。そして、日本特有の事情で激増している介護職に必要なスキルが偶然にもグローバル時代に対応する能力だった、などといえる論拠はどこにもない。さらにいえば、コミュニケーション能力がきわめて必要そうな販売職は、近年に限ればむしろ減少傾向さえある。

こうしたなかで、販売・サービス職の拡大を根拠にコミュニケーション能力を称揚するような主張をすることにはおそらく無理がある。繰り返しになるが、販売・サービス職の拡大は長期的・漸進的なものなのであり、いままさに時代的転機が訪れて緊急対応を迫られるような性質のものでは、まったくない。

†職業の質的変化と「新しい能力」

もちろん、販売・サービス職の増加をもって「新しい能力」の必要性を訴えるような、大まかな議論が実際に支配的になっているわけではない。ここで言いたかったことは、職業構成の量的変化からはなかなか現代に必要な能力を言い当てることは難しい、ということである。では、職業に求められる能力に質的な変化が生じている可能性についてはどうだろうか。どちらかといえばむしろこちらの議論のほうが多いように思われる。

しかし、少し想像していただければわかると思うが、日本のさまざまな職業に共通する質的な変化を掬《すく》い出し、それを能力指標として特定するという作業は、量的な変化を掬い出す以上に困難である。丁寧に洗い出そうとすればするほどその限界の壁は越えがたいほど高くそびえ立っていることに気づくはずである。なぜならば、職業は実に多様だからである。

あたりまえの話をもっともらしく話すのは気が進まないのだが、昨今耳にする議論ではしばしばこの職業の多様性をすっ飛ばした議論が横行しがちであるので、この点についても一つデータを出して、当然のことを確認しておきたい。

二〇一三年に私が研究代表者となって実施した「教育・社会階層・社会移動全国調査」(ESSM2013)では、在職者に対して、職場ではどのような人が能力のある人だと思うかを複数回答で尋ねている。多重対応分析という多変量解析の一手法を用い、すべての回答を集約して二つの次元を取り出し、回答者の職業と選択された能力の対応関係をわかりやすく図示したのが、次頁の図表1-6である。能力カテゴリーには名称のあとに◯を付し、網かけしてある(×はそのカテゴリーを選ばなかったグループを示す)。見にくくなるため、職業については分析したすべてのカテゴリーを表示してはいないが、それでも職業

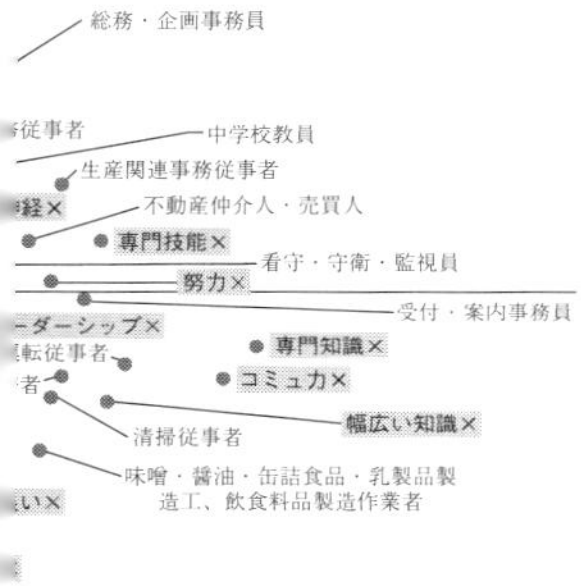

によって評価される内容はさまざまであることが一目瞭然である。

大学教員は「基礎学力」「頭良い」の近くにあり、理容師・美容師は「手先器用」の近くにある。単純作業系の職業は図の右側にプロットされる傾向にある。いずれも、まずまずもっともらしいデータとなっている。これをみるとわかるように、職業と能力評価の関係は多様であり、単純ではない。これらの職業すべてに共通する「能力」なるものを措定しようとするとどのようになるのか、想像してみてほしい。それは、どの職業でも必要になりそうな最大公約数的な――それゆえ新しくもなんともない、いってみれば生きるためにだれにでも必要になりそうな――能力がリストアップされることになるはずである。そうでなければ、これだけ多様な能力の差異を無視して共通の能力の土台など措定できようもないからである。

実は、これが今まさに言説の世界で起こっている出来事なのではないか、と思うのである。多重対応分析では多くの人が反応してしまうなど特徴のない最大公約数的な項目は原点近くにプロットされる傾向があ

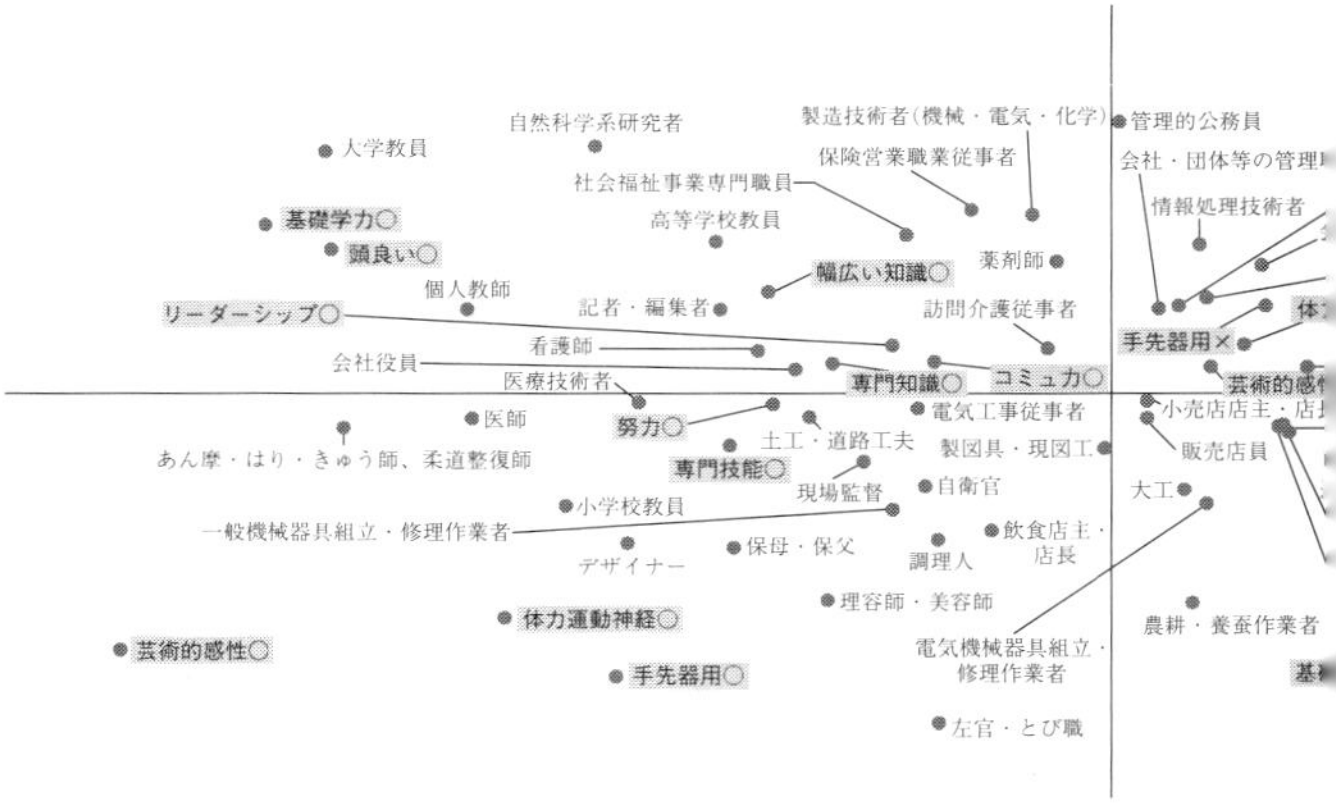

（出所）ESSM 2013データより筆者作成

図表1-6　職業と能力評価の対応関係

る。この分析で、原点付近にプロットされている能力は何か。それは「コミュニケーション能力（コミュ力）」であり「専門知識」であり「リーダーシップ」である。どんな職業であっても、その職業に必要な「専門知識」がある人が「能力の高い人」とみなされるのは当然として、それ以外には「コミュニケーション能力」や「リーダーシップ」といった対人的能力がやはりどの職業にも求められがちだということだ。特に「コミュニケーション能力」は、当該質問に回答可能な人のうち実に72・3%が、自分の職場であてはまると答えている。そして、現代において、しばしば社会的な能力論議に引っ張り出されるのがおおよそこれらに重なる能力であることも、多くの読者諸氏はお気づきのはずである。私たちが「新しい能力」であるかのように議論しているものは、実はどんなコンテクストでも大なり小なり求められる陳腐な、ある意味最初から分かり切った能力にすぎないものなのである。

そのように考えてくると、職業に求められる能力の質が大きく変化した結果としてこれらの能力が注目されるようになったと考えるよりは、全体として能力観が転換しているとの根拠のない前提のうえで、「ではどんな新しい能力が必要か」を無理やりひねり出そうとした結果、最大公約数的な陳腐な能力を、あたかも新しいものであるかのように、あるいはあたかも新しい時代に対応する能力であるかのように看板だけかけ替えて、その場を丸くおさめるといったことを繰り返してきたものなのだ、と考えたほうが、私個人は非常にすっきりする。そして――「悪貨は良貨を駆逐する」ではないが――そのような言説が増殖することにより、「新しい能力」を称揚する議論が既定路線になってしまっているように思われるのである。

†能力の測定不可能性と能力判定基準の暫定性

しかし、私の関心からいえば、その議論自体の妥当性以上に、なぜそのような議論（冷静に考えれば相当に怪しい議論）が繰り返し産出されていくのか、ということの社会的背景のほうに興味がある。繰り返しになるが、本書の基本的スタンスは、**いま人々が渇望しているのは、「新しい能力を求めなければならない」という議論それ自体である。**

というものである。ではそうした見方が妥当だとすると、なぜこのような渇望が生み出されるのだろうか。その答えを導き出すために私が用意しているロジックは次の5つの命題からなる。

命題1　いかなる抽象的能力も、厳密には測定することができない　【2章】

命題2　地位達成や教育選抜において問題化する能力は社会的に構成される　【3章】

命題3　メリトクラシーは反省的に常に問い直され、批判される性質をはじめから持っている（メリトクラシーの再帰性）【4章】

命題4　後期近代ではメリトクラシーの再帰性はこれまで以上に高まる　【5章】

命題5　現代社会における「新しい能力」をめぐる論議は、メリトクラシーの再帰性の高まりを示す現象である【5章】

実はこれらの命題群を一つずつ論証していくのが本書の構成にもなっているのだが、これらは相互に密接につながったものであるので、ここにその見通しを概略示しておこう。

命題1「いかなる抽象的能力も、厳密には測定することができない」は、能力という言葉がもつ抽象度の高さと深く関わる。私たちは近代社会以降、能力を唯一許容できる地位配分原理として採用し、それをいかにして実行していくかということに腐心してきた。しかし、能力というものは、なにか具体的に私たちの目の前に形としてあるものではない。個人に内在する目に見えない何物かなのである。

具体的な能力、例えば、「100メートルを9秒台で走る能力」であれば、実際に100メートル走ってみて9秒台で走れるかどうかで、その能力の有無について白黒をはっきりつけることができる。つまり、その能力の定義のなかにその能力の具体的な測定の仕方を含んでいる場合のみ、私たちは能力の有無をかなり明確に判断できる。

しかし、私たちが社会生活の中で問題視するのは、そのような個別具体的な能力ではない。なぜなら、そうした具体的過ぎる能力では、応用範囲が狭すぎて社会的有用性がかぎられるからである。だから、われわれは、社会的に広く求められる能力を議論する場合、それよりもずっと抽象度の高い能力を問題にする。「頭の良さ」「運動神経」「学力」「コミュニケーション能力」「コンピテンシー」などである。そしてそのような抽象度を持った能力を扱う場合には、能力そのものの正確な測定はほぼ不可能であり、能力の代理指標の測定で妥協するしかない。どれほどの統計的・科学的道具をもってしても、このような抽象的な能力を直接測ることはきわめて困難なのである。このことについて具体的例をあげながら論じるのが、次の第2章の役割となる。

命題2「地位達成や教育選抜において問題化する能力は社会的に構成される」というのは、私の専門分野である教育社会学で「能力の社会的構成説」として有名な議論の応用である。

命題1で示したように、抽象的能力はそのまま直接的に測ることができないが、その場合でも、私たちの社会では何らかの形で「能力があるのかどうか」の判断を下さなければならない。なぜならば、近代社会は、能力主義的であるべきだというタテマエを崩せない社会だからである。そのためには、何らかの形で「能力」を割り切って定義づけ、測定した形にしなければならない。すなわち、私たちは、とりあえずの暫定的な能力基準を使って社会を回していっている面があるのだ。そこにはなんらかの恣意的な判断の入る余地が多分にある。場合によっては、ある選抜や地位配分の局面において、能力に基づいて選抜した形にはなっていても、実際には選抜されたという結果をもって「能力あり」の判断をあとづける面すらあるのである。これにより、能力評価にはさらなる揺らぎと不安定さが付け加わることになる。

こうした、能力の判断基準の暫定性と構成性が現在の能力主義の核心にあることを描くのが、第3章の役割となる。

†メリトクラシーの再帰性

命題1と命題2は公理のようなものである。おおむね文脈を問わず一般的に成り立つ論理である。そして、この二つの命題を受け入れるならば、命題3はロジカルに導き出される。

命題1から能力の正確な測定が困難であることを前提とすれば、現実に作動しているかに見える能力主義の理念や基準は確定的なものではなく、むしろ暫定的なものとしてしか存在しえない。そして、暫定的であるがゆえに、どのような形で理念と現実の折り合いをつけるのかということをどこかで決定せざるをえない。そしてその決定は、能力主義に内在的な論理からは決まらない以上、能力主義の外側の環境、すなわち社会的文脈に委ねられることになる。つまり、能力判断基準の決定はとりあえず社会が行なうのである。これが命題2の能力の社会構成的性格である。

もし、このように文脈依存的にかつ暫定的な形でしかメリトクラシー社会を運用できないのであれば、そこには潜在的につねに「そうではなくても良かった可能性」を内在させていることになる。つまり、命題1と命題2を受け入れるならば、メリトクラシーには、常に反省的に問い直され、批判される性質がはじめから組み込まれていることになる。これを筆者は「メリトクラシーの再帰性」と呼んできた（中村 2009、2011）。このメリトクラシーの再帰性の概念的な整理を行なうのが、第4章の役割である。

命題4は、命題3に一定のある条件が加わった場合として、つまり命題3の特殊ケースとして成り立つという関係にある。一定の条件とは、後期近代社会という時代条件である。メリトクラシーの再帰性はいつでも作動しているが、その程度は時代状況によってことなる。近代社会においては、能力主義の暫定的指標として学歴が使われてきたが、教育が普及し、高学歴化が進展した後期近代においては、学歴という能力指標そのものの信頼性が揺らぎ、再帰的まなざしをこれまで以上に向けられることになる。これが命題4の含意である。

そして、命題4を受け入れるならば、命題5は現代社会の解釈として容易に導き出される。これまで説得的に示されてきた学歴という能力指標の信頼性が揺らぐ中で、人々は不安心理に掻き立てられ（能力不安）、「新しい能力」をめぐる議論を活発化させる。これがメリトクラシーの再帰性の高まりを示す現象であることを、第5章では示すことになる。

以上の議論をうけて、最終章である第6章では、メリトクラシーの再帰性を前提とした場合に現代の能力論議、ひいては現代社会がどのようなものとして再解釈可能になるのかということを、少々土俵を広げた形で展開し、本書全体を通じて示してきた考え方の味わい方を例示しておくことにしたい。そうした作業を通じて、私自身の教育社会学的知識の産出が多少なりとも社会に還元されることを目指したい。

それでは、さっそく次章から、命題の論証に入っていくことにしよう。

第2章

能力を測る――未完のプロジェクト

†コミュニケーション能力を測る?

第1章では、近年に見られる「新しい能力」論議の怪しさについて語ってきた。しかし、「能力」に関わる議論の怪しさは、なにも「新しい能力」に限ったものではない。なぜなら、社会的に議論される抽象的な能力は、もともと厳格には測り得ない性質を持っているからである。だから、「能力をどのように測ったらよいのか」という問題は、近代化以降つねに社会的争点となってきたし、これからもなり続けることになるだろう。要するに、「能力を測る」というプロジェクトには、ゴールは事実上ないようなものなのだ。第2章では、そのことをさまざまな角度から考えてみたい。

この議論の手掛かりとして、第1章でも述べた「新しい能力」の代表的なものである「コミュニケーション能力」をまず取り上げてみよう。このコミュニケーション能力をめぐってもさまざまな議論があるが、この能力を首尾よく測るということがおそらく難しいことだということは、少し考えれば誰にでもわかりそうなことである。とりわけ、本書をここまで読み進めてくれた読者の方であればなおさらである。

この「コミュニケーション能力」なる言い回しがはらむ問題性を鋭く指摘する議論があ

る。つまり、コミュニケーションとは関係性において本来立ち現れるものであるのに、それを個人に内在する能力として位置づけることに無理があるというのである。このように論を展開する貴戸は「関係性の個人化」という用語で巧みにこの言説現象をとらえた（貴戸 2011）。このように考えるならば、コミュニケーションは個人に内在する能力としては本来測りようがないもの、ということになる。A君とは話が合うが、Bさんとは話が続かない、といったことは誰しもが経験するものである。A君と話していれば、彼はコミュニケーション能力が高いように見えるし、Bさんといるところを評価されれば、彼はコミュニケーション能力が低く見えるであろう。この議論からも、コミュニケーション能力が容易に測れないことは自明のようにも見える。

しかし、こうした思いとは裏腹に、「コミュニケーション能力があるかどうかぐらい、ちょっと見ればなんとなくわかるんじゃないか」という日常感覚も、実は非常に広く社会に浸透しているように思われるのだ。第1章で紹介した調査で「コミュニケーション能力（コミュ力）」を選択肢に入れているのも（図表1-6参照）、そうした現実を考慮してのことである。

それは若者やネット上で広く流布した「コミュ障」という言葉にも典型的に表れている。

「コミュニケーション障害」を略してこう呼ぶのだが、本来の医学的用語の範囲を超えて、もっと広く気楽に使われる言葉となっている。簡単にいってしまえば、他人との会話のやり取りが苦手そうな人を指して、「あいつはコミュ障だから……」とか「自分はコミュ障なので……」などと使われているようである。このような使われ方に見られるように、コミュ障はコミュニケーション能力が低いこととほぼ同義である。そして、「コミュ障」という語の気楽な使われ方加減からすれば、人々はコミュニケーション能力の多寡を、かなり容易に判断しているということになる。

インターネットで検索してみれば、コミュニケーション能力をいかに鍛え、その能力の低い人はいかにそれを克服するかということに、多くの人たちの関心が寄せられていることを感じることができる。例えば、「日本コミュニケーション能力認定協会」なる団体がある。この団体ではコミュニケーション能力認定講座が提供され、それを受講し試験に合格することによって、一級とか二級といった資格を取得できることになっている。ここではすでに「資格」という形で、コミュニケーション能力の有無ないし多寡が認定されることになっている。つまり、理論的には破たんしているようにさえみえるコミュニケーション能力の測定も、日常感覚的には測定可能と判断されているように見えるのだ。

こうした社会の風潮に対して抗うことに相当の困難があることを、私自身も実感したことがある。私の勤める大学のある学生は「自分にはコミュニケーション能力がない」というのだが、それを説明するのに彼女は実に滔々と流暢に話し続けたのである。私が「それだけ自分の状態をきちんと説明できるのだから、コミュニケーション能力は十分あるんじゃない？」といっても、本人はどうも腑に落ちない顔をしていたのが印象的だった。佐藤は、「コミュニケーション能力」は個人に付随する能力としてはその実在さえあやしいものであるがゆえに、かえってそれがいったん「ある」ことになると、幽霊を怖れるようにある種の不安をあおってしまうと指摘しているが（佐藤編 2010）、まさにそれが実際に生じていることを強く示唆する事例である。

こうした矛盾に見える事態（つまりコミュニケーション能力は簡単に測れないものであるように見えるのに、簡単に測れるというイメージが流布している事態）が生じる背景には、私たちが日常生活の中で明確に能力の有無を判断できていると感じている基準と、一般的な選抜のルールとしての能力評価基準を混同する傾向にあることが大きいと、個人的には思う。

†能力をめぐるダブル・スタンダード

能力評価基準を議論する際には、自分が直接的に選抜の面接官になることなど想定しないので、選抜の合否のボーダーラインがいかに微妙なものであるのかの想像力が、ほぼまったくといっていいほど働いていない。だから、それこそ気楽に「いまどきの若い社員はまともなコミュニケーションさえできなくて使えない」などといってコミュニケーション能力を基準とした選抜を支持するような意見を表明する人がいたとしても、それは実はそのように言う際に「社内でトラブルメーカーになっていて今話題沸騰中の新入社員Aくん」という極端な事例を思い浮かべて議論していたりすることも多いのである。しかし、実際に選抜の場面に立ち会うことになればすぐわかることだが、たいていの選抜のボーダーラインにはそんなA君のようなわかりやすい事例ばかりが挙がってくるわけではない。圧倒的に優れている、あるいは圧倒的に劣っている、というのであれば比較的判断は容易だが、そのような選抜はボーダーライン付近ではほとんど発生しない。実際の選抜では、たいていどの応募者も一長一短、どの応募者もよさそうに見える、どの応募者もまあまあ、といった分厚い層がひしめくところで、採用予定数や入学定員などの縛りから、あるラインを形式的に引いてバッサリ分けているにすぎない。だから、コミュニケーション能力のような曖昧な物差しは、おそらく実際のボーダーラインでの選抜では使い物にならない。ドングリの背比べ状態のところで、だれのコミュニケーション能力がわずかに高いのか、などということは、かりにそれが判定可能なものであったとしても、数回程度の面接ではほぼわかりようがないのである。だからこそ、企業は「人物本位」「実力本位」などと言いながら、学歴や性別や年齢といった形式的な要素を判断材料としていまだに利用したりするのである。溝上憲文の『超・学歴社会』(2005)には、企業人事担当者の本音ともいえるインタビュー記録が多数収録されているが、そこではやはり迷った時には学歴が用いられる実態が紹介されている。

皮肉をこめていえば、コミュニケーション能力を選抜基準とすることには、非常に有用な使い道がある。それは、選抜をするものが恣意的な(たとえば主観的な自分の好みなどで)選抜を行なったあとに、その結果を正当化するためのロジックとしての使い道だ。なぜなら、コミュニケーション能力にはもともと客観的な基準がないようなものなので、選抜結果を批判する側にも反論の論拠が与えられていないし、さきほども指摘したように場面によって大きく見え方が変化する性質も持っているので、合格した人物の無能ぶりが後日明らかになって選抜した担当者が批判されそうになっても「面接のときにはうまくしゃべっていたんだけどなぁ。あれなら誰も見抜けないよ。」などと言い訳することが可能だからだ。逆に、自分の好みでない学生にはわざと挑発的な質問を浴びせ、その学生がむっとした態度をとれば「あの程度の質問で腹を立てているようでは組織人としてのコミュニケーション能力に欠けているといわざるを得ない」などと指摘して、不合格にすることもできる。貴戸の指摘の通り、我々が「コミュニケーション能力」とみなしがちな現象は、場面・話題・相手によって容易に変化してしまうものなのだ。

私たちは、能力選抜の問題を考える際に、最終的な合否のボーダーラインは特別に優秀な人物や特別に劣った人物の近くにわかりやすく引かれるのではない、ということを肝に銘じておく必要がある。実際に引かなければならないボーダーラインは、もっと不透明で、その線を引いている本人でさえどこに引いているのかわからなくなるような微妙なラインなのだ。それにもかかわらず、私たちはコミュニケーション能力のある人とない人を容易に区別できると思っている。選抜のボーダーライン付近でのどんぐり状態の中での判断と、日常生活でのコミュニケーション能力不足がとびきり目立つ人間の事例の探索では、その困難度が天と地ほども違うということに、多くの人が自覚的ではないように思われる。そして、社会的選抜場面において本来なら測って白黒つけたいのは、格段に困難な前者のケースなのである。

†国語の成績評価

最初にコミュニケーション能力の議論をしたのは、それが曖昧な能力評価基準の代表的なものだからである。しかし、世の中にある能力評価には、そのような曖昧なものばかりではなさそうにもみえる。以下では、徐々にそういった能力評価の議論に踏み込んでいきたいが、明確に数値や形で表現されている能力評価の代表事例として、次に学校の成績を考えてみたい。

そのなかでも、最初に取り上げるのは国語である。それは、学校でなされる主要教科の成績評価のうちで、相対的に判定基準が曖昧に感じられる部分が多いと考えたからである。能力を測ることのむずかしさを考察する本章の目的にとっては、ちょうどいい事例なのである。

国語のテストを考えてみよう。◯と×が明確にできそうなのは、例えば漢字の読みや書き取りの問題である。これはかなりはっきりと正解/不正解を区別することができそうだ。

もちろん、これだって漢字のハネやハライを厳しく判定する場合とそうでない場合では同じ解答でも〇×は分かれてしまうのであるが、とりあえずそこは大目にみておこう。

ここで話題にしたいのは、国語のテストでしばしば行なわれている「登場人物の気持ち」や「著者の言いたいこと」を問う、いわゆる読解問題のことである。この問題を考えるとき、ずいぶん昔の話で恐縮だが、私が駆け出しの大学教員だったころにNHKで正月に行なわれていた教師と子どもたちの討論番組の場面をどうしても思い出してしまう。そこではまさに国語の採点を疑問視する生徒たちの声が強く上がっていたのだった。

当時録画していたVHSのビデオをあらためて見てみると、今日でもまったく同じ問題が依然として持続していることを痛感する。場面は、勉強をする意味を考える議論のなかで、司会者が国語の教師に水を向けると、その教師は、子どもたちが将来社会に出て恥ずかしくない力を付けさせたい、説明文なら自分で報告書などをわかりやすく伝えられる文章を書けるようになってほしい、といった国語の意義を述べる。その後の場面である。

教師　「文学作品であれば、文学作品の行間、文章に書いてあること以外に、そこに出てくる人々の心情とか背景とかいろんなことを……」

生徒A「それがすごく疑問なんですよ。心情とか背景っていうのは読んだ人がそれぞれに感じればいいものを、どうして答えがあるんですか？」
生徒B「（不満そうな声で）答えが一つなんですよ。」
（中略）
生徒A「このときこの主人公はどういうふうに思ったか、というので、彼はこう思った、彼はこう思ったっていう項目がいっぱいあって、その四つの中から選びなさいというのは？」
教師「それはこう四つあって、こう（物語全体の）流れがあって、流れがあったときに作品を正しく読むっていうのは絶対必要だと思うんだよ。」
生徒A「正しいとか正しくないっていうのはあるんですか?!」
教師「ある……」
（NHK・ETV特集『日本の学校・ここを変えて！ 21世紀に生かせ子どもたちの声』一九九九年一月一〇日放送）

おそらくこの国語の先生は、「正しい（読み）」という言い方を（その言い方がいかにも学校的なのだが）つい口に出してしまったのだと思われるが、登場人物の気持ちを一つにしぼらなければならないという理屈に反発する生徒たちの議論のほうが説得的に見えたのも、やむをえないところである。

†国語入試問題への意義申し立て

こうした議論は、入試問題に出題された作品の著者自身からの異議申し立てという形でも以前から議論されることがあった。例えば、作家の遠藤周作は『狐狸庵閑談』（1994）というエッセイ集のなかで「受験産業屋を批判する」なる文章を書いている。そのなかで、遠藤は次のように述べている。かつて自分の小説がある大学の入試問題に出題された。そして「文中の主人公は次の行為を、どのような心理で行ったか」という問題があり、四つの選択肢の中から選ばせる形式であった。作者である遠藤は、その四つの選択肢すべてを正解だとして「丸じるしをした」のにたいして、「受験産業屋の解答は四つのうち、ひとつに丸がつけられていた」というのである。遠藤は続けてこう述べている。

人間のひとつの心理は色々な心理が交錯しからみあって成立する。また意識の下に無意識が混合している。そんな小説の人間描写を無視した入試問題も問題だが、それに応じて、いかにも正答らしい答えを出すのがテストなのである。私は作者として断然、こういう小説の読み方に抗議したい。（遠藤 1994、一八七頁）

まさにさきほどのテレビの中学生と同様の主張が、著名な小説家自身からも提出されているのである。

国文学者の石原千秋も、国語の入試問題のあり方に異論を唱える一人である。石原は、その著書『秘伝　中学入試国語読解法』（1999）のなかで、御子息の中学受験体験を材料に現代における国語、とりわけ受験国語の問題点をわかりやすく指摘してくれている。その中でも印象的なのは、石原が「いま「国語」がやっていることは「道徳教育」である」（同書九頁）と断定している点である。それは、近代文学研究がドラスティックに変わってきており、作者の意図や心理を追う形ばかりではなくなっている状況から見て、「「国語」では「作者のいいたいこと」や登場人物の「気持ち」ばかりが問われる」（同書）偏った傾向を指してのことである。

このように、当事者の児童・生徒に加えて、「国語」の入試問題に対して小説家や国文学者からの強い異論があることを踏まえれば、国語のテストや入試問題で獲得された得点の高低をもって、国語の「能力」を測定できたと信じ切ることには、かなり慎重でなければならないようにも思えてくるのである。

†算数のテストなら信頼できる?

とはいえ、国語の場合はもともと多くの人にとって「答えがはっきりとしない科目」というイメージが強い。だから、その能力評価に多少曖昧な部分があるとしても、さほど驚くほどのことではないし、国語の能力評価が難しいからといって能力評価全体が難しいという話をしても今一つ説得力に欠ける。しかし、答えがあっているのか間違っているのかという点では非常に明快に白黒つけることができる科目だと思われている、算数・数学がそうだと主張したら、どうだろうか。実はさきほどのテレビに出ていた生徒Aも「数学なんかは答えが一つだからわかるんですよ。あーこういうふうに教えられてもいいなあって、自分を納得させることができるんです……」と番組の中で述べている。

このことを考えるうえでわかりやすい事例は、小学校の算数で教えられているとされる「かけ算の順序」の問題である。すでに一部でかなり話題となったものだが、その要点は高橋誠の『かけ算には順序があるのか』(2011)にまとめられている。高橋によれば、A×Bというかけ算は、B×Aでもよいはずであるのに、小学校では「一つ分の数×いくつ分=全部の数」という考え方があり、それにしたがうと、たとえば「6人に4個ずつミカンを配ります。ミカンは全部で何個いりますか」という問題では「4×6=24」という式が正しく、「6×4=24」という式を書くと×にされるというのである。

詳細は高橋の著書に書かれているのでここではこれ以上論じないが、この事例が本書において重要なのは、算数といえども、答案の○×をめぐっては、かけ算のようなきわめて基礎的な問題であっても大論争になるほど意見が分かれることがありうる、ということである。

いずれにしても、算数の成績評価も、国語同様に、かなりの程度こうした脆弱な基盤のうえになんとか成り立っているものなのである。

†採点シミュレーションの結果

私自身は、こうした試験成績の本質的な不安定さをリアルに学生諸君にも理解してもらうために、大学の授業でときどき採点シミュレーションを行なっている。この内容については別の著書でも若干紹介したことがあるが（吉川・中村 2012）、具体的には、まったく同じ答案を履修者の大学生全員に採点してもらい、どれだけ点数にブレが生じるかという実験である。

算数の答案を二つ用意し、一つは計算問題ができていて文章題ができていない「すずきさん」の答案、もう一つは計算問題が間違っていて文章題ができている「たなかさん」の答案にしてある。もちろん答案は仮想のものであり、「すずきさん」も「たなかさん」も架空の人物である。採点基準を各自設定してもらったうえで、１００点満点でこれらを学生たちに採点してもらう。もちろん周囲と相談したりはしないというのもルールにしてある。こうして実験を行なった結果の一例を見ていただきたい。

まずは図表2－1である。これは、47名の学生が採点した結果、どちらの人物の得点が高くなったのかを集計してパーセントで示したものである。このときは、「すずきさん」のほうがいい点だったケースが60％、逆に「たなかさん」が高得点だったのは38％であった。ふむふむなるほど……などと簡単に納得しないでいただきたい。もし「すずきさん」や「たなかさん」が実在の人物で、実際の入試の答案だったとしたら、これはとんでもない重大問題になりうる結果だからである。同じ答案なのに、ある人が採点したら「すずき

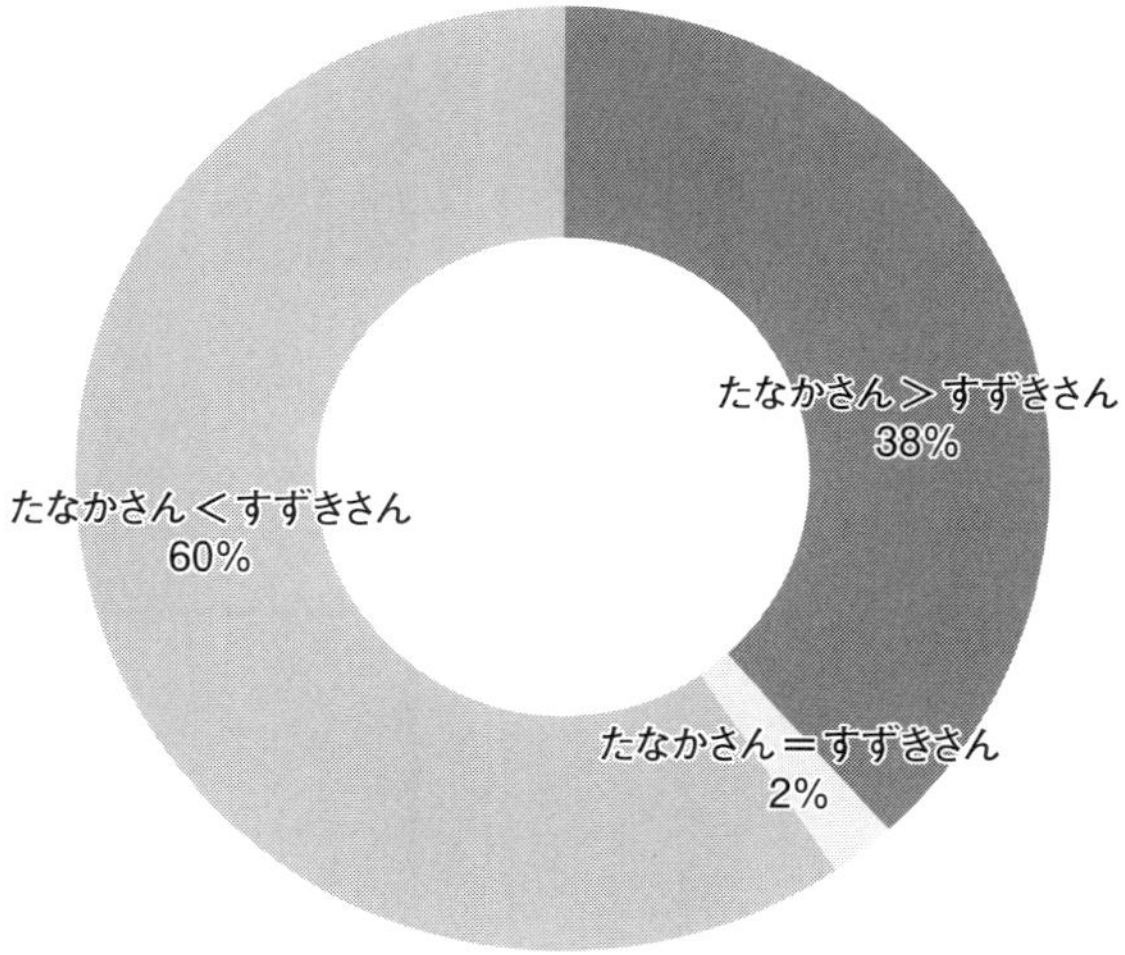

図表２-１　採点シミュレーションの結果

さん」のほうが良い成績、別の人が採点したら「たなかさん」のほうが良い成績になってしまうのであれば、これらの得点はいったい何を測っていたことになるのだろうか。

そうはいっても両者の得点が一様に僅差であるならば、こういうこともまま起こりうるかもしれないし、人間のすることであるからこの程度の採点誤差は社会的にも許容すべきかもしれない、という考え方もある。そのように思われる方は、さらに実際の採点結果の分布をご覧いただきたい。これをみれば、採点結果に相当大きな採点者間のバラツキがあることが了解できるだ

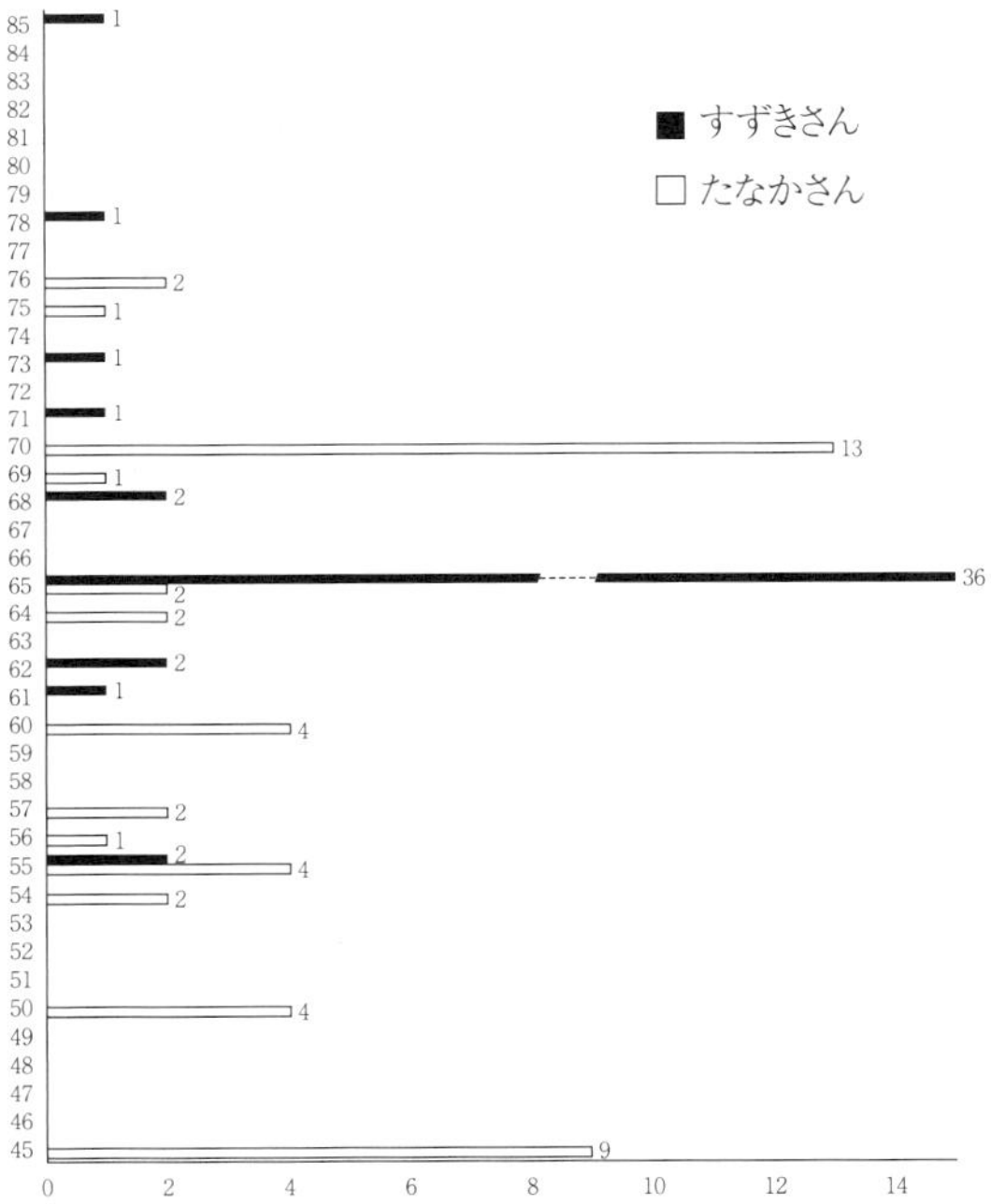

図表２−２　採点シミュレーションの得点分布

ろう（図表2−2）。

この図からも明らかなように、「たなかさん」（白抜きのグラフ）は下は45点から上は76点まで、実に31点の開きがある。はたして「たなかさん」は算数ができるのだろうか、できないのだろうか。

採点者間のバラツキもかなり大きい。「すずきさん」（黒塗りのグラフ）のほうは、65点に全体の76・6％にあたる36名が集中しており、こちらは「たなかさん」ほどには分散していないが、それでも最高は85点、最低は55点であり、やはりレンジ（範囲）は30点もの幅をもっている。正解を白黒はっきりつけることができると思われている算数でさえ、ある条件を与えればこれだけの採点結果のブレが生まれてしまうのである。

✝得点を左右する「採点思想」

このようなブレが生じる原因のうち最も大きな影響を与えていると考えられるのは、採点基準を自由にしたという点である。その結果、さまざまな分岐点で、採点者の「採点思想」や「採点態度」が反映される形になっている。具体的には、次のようなポイントである。

・計算問題を重視するか、文章題を重視するか。

算数の基本は計算であると考える人にとっては、計算ミスには大きなペナルティを科したくなるはずである。一方で、文章題のほうが応用力を測っており、より困難な課題をクリアしたと考える人は、文章題の比重を重くするだろう。ちなみに「たなかさん」は五問中三問の計算問題で誤答しているが「すずきさん」のミスは一問だけであるため、ここが採点の分かれ道の一つになっている。

・計算式を重視するか、正答か否かを重視するか。

文章題では式を書くことが求められることが多い。計算式が正しくなければ答えが正しくてもあえて0点とする厳しい採点をするケースがみられる。一方で、正解に到達していることも重要だと考える人もいる。教科書的な計算式ではないが、自分なりの方法を編み出して答えにたどり着いたのであればそこを評価すべきという考え方である。ちなみに「たなかさん」は、答えは正解だが数式にやや怪しい点があり、そこを減点するかどうかで得点が異なってくる。

・部分点を出すかどうか。

部分点は、かなり明確な採点基準がないとブレが生じる原因になる。さきほどの「たなかさん」の数式も、かなり許容して部分点をつける採点者もいれば、まったく認めない採点者もいて、そこでも差異が生まれている。

・不自然な計算式が含まれていることに採点者が気付くかどうか。

実際の教育場面では少ないと信じたいが、計算式の不自然さに気づかずにおおざっぱに採点しているケースも少なからずあった。採点する側も人間である以上、採点ミスは当然ある。マークシートであっても、記入の不備やマークする色の薄さなどによっては誤判定されることがありうる。大学入試センター試験などではそのあたりは慎重に行なわれていると思われるが、機械でさえミスがありうるのであるから、人間の目視を過大に信用することはできない。

これだけの分岐点があるのだから、採点者によって点数が大きく異なっても、実は当然だったわけである。

通常のテストであれば、採点基準が統一されているので、採点者によるブレはこれほどまでは生じない。その意味では架空のシミュレーションでしかないのだが、冷静に考えてみれば、仮に採点基準が統一されていたとして、その統一基準は機械的に、あるいは合理的に、あるいは科学的に決定しうるのかといえば、そうではない。誰かがある一定の価値観＝採点思想を持ち込んで、裁量によって恣意的に決めているのである。例えば、大学入試センター試験の設問ごとの配点は毎年公表されているけれども、あの配点には、専門家が見れば誰でも同じ配点になるような科学的・客観的根拠がはたしてあるだろうか。私はこの手の仕事に携わったことがないので想像するしかないのだが、おそらく、配点基準を決める「誰か」が替われば、受験者の点数も変わる可能性が高い。だから、ここで現れたブレは、私たちの能力評価のブレの一端を的確に表現していると私は考えている。

少し本題から外れるけれども、このように見てくると、大学入試センター試験に代わって二〇二〇年度入試から実施される予定の「大学入学共通テスト」で注目されている記述式問題の採点についても、きわめて大きな壁が立ちはだかっているのがわかるだろう。マークシート方式のような機械による採点がほぼ困難な状況では、人海戦術でやるしかないが、その場合は採点のブレは不可避である。しかも、現状でも五〇万人以上が受験する試験の採点を、しかも短時間で、採点ブレが極力ないように行なわなければならない。したがって、ブレを抑えるためには、採点基準をできうる限り明確かつ単純化するより他に選択肢はない。実際、大学入試センターから発表されている国語の記述式問題例の採点プランでは、正答がいくつかの得点の要素に分解され、その各要素がそれぞれの解答にいくつ含まれていたのかによって点数をつけることになっている。ここで採用された採点思想は、結局のところ客観主義である。いかに独創的な文体で解答しようが、下手な日本語で書いていようが、構成要素が同じ数なら同点になる。採点者が思いもつかないような独創的な内容で解答しても、その独創性はまったく評価されない。ここではそうした客観主義を批判しようというのではない。客観的な採点基準でやっても、本章でこれまで議論してきたとおり、ある程度の採点ブレがありうる以上、独創性や表現力、思考力などの抽象度の高い能力は、五〇万人以上の受験生がある程度納得できるような形では、容易には採点できないのである。

†なぜ「合計点」で納得しているのか?

もう一つ、私たちが確かなものだと漠然とイメージしている学力テストの成績に関して、私自身が簡単には納得してはいけないのではないかと思っている点がある。それは、上述のような配点に基づく素点を素朴に合計していいのか、という問題である。このように単純に得点の合計点の多寡で合否や優劣を決める思想のことを、ここでは「素点合計主義」と呼んでおこう。

この素点合計主義に対する批判は、日本でも古くからある。例えば、石山・小保内編『大学入試方法の検討』(1956) によると、選択科目間の難易度の違いによる不公平や、科目ごとの素点を累加することの不合理は、すでに今から六〇年ほど前にも指摘されている。実際問題として、難易度や得点分散の違う問題の素点を足し合わせることは、設問や教科ごとのテストの能力識別力の違いを無視するということであり、それを「能力」と呼ぶべきかどうかも、議論しようと思えば議論できる内容を含んでいる。

例えば、問題が適度に難しかった英語では30～100点の間で広く得点がばらついている一方で、問題が易しすぎた数学では全員が100点をとってしまった、というケースを想定してもらえればわかりやすい。仮にこの二科目の合計得点で合否を判定しようとする入学試験があった場合、英語と数学の配点比は、形式上は一対一だったとしても、実際の合否は英語の出来不出来のみによって決定されることになる。

この問題は、素点合計をする限りはなかなか解消することが難しい。そこでこうした古典的なテスト形式の問題を解決すべく、現代のテスト理論として海外で普及するにいたっているのが、近年の大学入試改革においても注目をされている「項目反応理論」なのである。項目反応理論は、個々の問題の得点合計を能力と見なすのではなく、どのような能力を持った人たちがどれぐらい正答するのかがあらかじめわかっている問題を使って、受験者集団の偏りや出題問題の偶然性などに左右されることなく、受験者の能力水準を推定するものである。そのため、仮に異なる問題を解いている場合であっても、その得点（特性値とも呼ばれる）は比較可能なものとなる。

項目反応理論は、いってみれば素点合計主義をはじめとする従来のテストの欠点を相当部分克服できる夢のテスト理論ということができる。実際に、複数回受験が可能なアメリカの大学入学者選抜用試験であるSATではこの理論が用いられている。なぜなら、違う時期にテストを受けている学生であっても、理論的に数値が比較可能だからである。OECD（経済協力開発機構）の学力テストPISAにもこの理論は用いられている。PISAテストは国別平均点が公開され、その順位が話題になるけれども、実はあのテストはすべての生徒が同じ問題を解いているわけではない。違う問題を解いている生徒たちであっても、その回答から理論的な能力特性値を割り出せば比較可能になる。そして、その出来栄えを総合して平均することが可能なのである。

しかしながら、項目反応理論を現実に適用しようとすると、さまざまな困難があるということも、すでに指摘されている。

たとえば、今般の高大接続改革およびそれに関連する入試改革に批判的な荒井克弘は、項目反応理論を大学入試の共通テストに応用することについて、①事前調査を済ませたテスト項目が各科目当たり二万から三万題必要になり膨大な人的・金銭的コストがかかること、②事前調査は適切な対象に適切な時期に行なわなければならないこと、③しかも問題は非公開でなければならないため自己採点を行なえないこと、④センター試験をはじめ入試問題では主流の大問形式（大きなテーマの大問に複数の小問がぶらさがっているような形式）は項目反応理論向きではないこと、⑤項目反応理論で測定のしやすい能力はあまり変化がないものであるのに対して、入試に求められる学力はしばしば変化するものであること、などを指摘して疑問を投げかけている（荒井 2015）。

もちろんこうした状況に対してテスト理論研究者も手をこまねいて見ているわけではないし、またテストの種類や場面によっては、実際に項目反応理論は応用されているのである。しかし、そこで導き出される能力については、さまざまな条件が付された「能力」なのであって、社会的に求められる抽象的能力の程度をくまなく描き出せるようなものではないのである。

†100メートル走も実はうまく測れない？

能力を厳密には測れないということをやや強調しすぎたかもしれない。能力測定すべてに難癖をつけているだけのように思われても困るので、申し添えておくと、ここでの主張は抽象的な能力というものは測りがたいものだということの再確認であって、それを何か発見的なことであるかのように主張したいわけではない。当たり前のことをいっているだけのつもりである。そして、その「厳密には測れない能力」という当たり前の前提から出発して、最終的に従来とは少し違う能力観を提示するのが本書の目的であるので、第2章(と第3章)は前座でしかない。

ただ、ロジカルには当たり前であっても、さきほど述べたように日常感覚としてわれわれは能力をかなり測れるようにイメージしがちだし、そのような立場から議論が行なわれがちでもあるので、できるだけ多くの例示をすることでそのイメージはある程度中和してから後半を読んでいただく必要があるのだ。

そこでダメ押し的にもう一つ、能力がもっとも明確に測れそうな例として100メートル走をもう一度考えてみたい。第1章で実は私は次のように述べた。

具体的な能力、例えば、「100メートルを9秒台で走る能力」であれば、実際に100メートル走ってみて9秒台で走れるかどうかで、その能力の有無について白黒をはっきりつけることができる。つまり、その能力の定義のなかにその能力の具体的な測定の仕方を含んでいる場合のみ、私たちは能力の有無をかなり明確に判断できる。

しかし、現実の100メートル走の公認記録のルールは、それほど単純ではない。例えば、追い風の風速25メートルで9秒台を出した場合、多くの人は「それは実力じゃない」としてその能力を認めないだろう。実際、ルールでは追い風2メートルを超える場合は公認記録とはならない。自明のようだが、実はそこには、自分の筋力のみで9秒台を出した人こそその能力を認めるべきだ、という規範的な考え方がある。しかし、一方で2メートルまでは追い風が許容されている。だから、「筋力のみで」というのは実は徹底されていないルールだ。それに風力計は正確無比だといえるのか。その誤作動や測定誤差はどうするのだろうか。

追い風の基準をクリアしたとしても、今度はドーピング検査に引っかかれば、それも「能力あり」とはみなされなくなる。自分のトレーニングのみで筋力を向上させた場合のみ、本当の能力があるとみなされるようである。しかし、それも実は正確ではない。筋力はトレーニングだけではなく、栄養の摂取の仕方も関連してくるので、そこで我々はしばしば禁止薬物は使わないまでも人工的な食料は口に入れてしまっている。その影響は無視していいのだろうか。

また、タイムの測定機器は正確だろうか。きちんとした陸上競技会であれば、立派な計測器が用意されているだろうが、我々がもっと気楽に測定しようとすると、途端に非公式な記録になってしまう。一方で、手動の計測が完全に公認記録から排除されているわけではないのは、社会的事情が考慮されているからだろうか。その点もなんらかの基準の選択が行なわれている。

このように100メートル走のようにもっとも明確に能力を測れそうな事例を取り上げてみても、そこには能力評価のためのさまざまな思想が入り込んでいて簡単ではない。その能力測定思想が変われば記録も微妙に変わってくる。これは程度の差はあれ、テストの場合とまったく同じである。

もちろん、100メートル走のタイム認定にグレーゾーンがあるからといって、世界記録保持者のウサイン・ボルトと私の間の短距離走能力の違いは虚構なのだと主張したいわけではない。ここで重要なことは、このようなグレーゾーンは100メートル走のような一見ゆるぎないほど明確に見える能力測定でも完全には埋めることができない以上、抽象度の高い能力の測定ではなおさらだということであり、それを調整するためにやむをえず能力あり／なしの判定で引かれる線はかなりの程度恣意的にならざるを得ない。そうであるがゆえに、次の第3章で論じるように、その正当性を社会的に確保することが必要になるし、社会的に許容される手続きが反映されるが故に、微妙に疑義を唱えられる可能性を排除できないということなのである。そして、このことこそ、第4章で説明する能力主義（メリトクラシー）が持つ再帰的性質を構成する基本要件となっているのである。

†能力が測れないことの意味

社会的選抜に関して議論されがちな抽象的能力を厳密には測定できないということは、ここまでの説明でおおむね理解していただけたのではないかと思う。なお、仮に能力が正確に測れるようになったとしても、それは次の章で触れるマイケル・ヤングの空想小説にあるように、あからさまな能力差別を生むだろうから、穏当な民主的社会では、それを社会全体に適用するようなやり方はおそらく拒むだろう。だから、純粋な能力主義社会は、実現不能なユートピア（ないしディストピア）なのであり、どのような場合でも、現実の社会では命題1は成り立つことになる。

これは日本の特殊な事情から帰納的に導き出した話ではない。その証拠に、イギリスの著名な社会学者ジョン・ゴールドソープがまさに能力測定の不可能性を前提に、メリトクラシーの解釈を試みているからである（Goldthorpe 1996＝2005）。

日本でも同様に、広田がそうした観点から能力選抜のあいまいさと恣意性を議論している（広田 2011）。つまり、さきほどもいったように、能力の測定が厳密には難しいという話自体は、これまでにも多くの論者が論じてきたことなのである。

しかし、ここで強調すべきことがあるとすれば、本書では能力主義のイデオロギー性を前面に押し出した議論を展開しようとはしていないということである。

次章で紹介するように、社会学で比較的よくある話として、「テストする内容には偏りがあり、真の能力を測っているというよりは特定の階級に有利なものになっている」といった議論がある。アメリカで項目反応理論を用いた大学入学者選抜用の共通テストSATについても、このような議論がたびたびなされている（Lemann 1999＝2001）。しかし、この章で言いたかったのは、そうした階級的バイアスのような隠ぺいメカニズムを想定しなくても、もっと単純かつ素朴なレベルで、社会が求める抽象的な能力の測定には、原理的困難さがあることを指摘してきたつもりである。つまり、

命題1　いかなる抽象的能力も、厳密には測定することができない

は、一般的に成り立つものだというのが本章の主張であり、本書の前提となる。

ではこのことを受けて考えてみたいのは、次のようなことである。すなわち、それでも「能力主義」を是とする近代社会では、能力が測りがたいものであるにもかかわらず能力主義を目指し続けてきた。いったいどのようにこのねじれを処理して、つじつまを合わせてきたのだろうか。

私たちが問題として議論する「能力」は、社会なり世の中なりに対して大きな価値がある能力のことを暗黙のうちに前提としておいている。だから、「鞄を持つ能力」とか「息をする能力」は能力には違いないが、議論の俎上には載ってこない。つまり、その時点で能力の議論は十分に社会的なのだ。しかし、そうした能力を正確に測ることはほぼ不可能である。どこかで妥協するしかないのだ。そして、その妥協こそ、さらなる社会の浸潤を許す最大の要因なのである。それを説明するのが、次章の主題である「能力の社会的構成」という考え方である。

第3章

能力は社会が定義する

――能力の社会学・再考

†抽象的能力を求めることの帰結

第2章では、人間の能力を測るということ、とりわけ社会的に求められる抽象的能力を客観的に測るということが、我々が日常生活の中で感じているほど容易ではないということを述べてきた。しかしながら、抽象的な能力は近代社会によって求められているわけであるから、「うまく測れない」ということで済ますわけにはいかない。すなわち、近代社会では、抽象的で測定が困難な能力を人々に求める一方で、同時に何らかの形で暫定的にでも能力は測れたことにする機制を必要としているのである。

もし暫定的にでも能力を測定できたことにするのであれば、それは特定の個人の能力観で決めるのではなく、社会的にそれは定義され、正当化されるというステップが必要になる。なぜなら、ここで問題としている能力は抽象的なそれであり、社会によって求められる能力だからである。それはすなわち、

命題2　地位達成や教育選抜において問題化する能力は社会的に構成される

を示していくということである。これが第3章の課題である。

この命題2に示された能力観は、広い意味においては社会学における能力観とかなり重なる部分がある。一般的な社会学では、社会によって決められた能力基準の恣意性や暴力性、階級利害といったものに結び付けて考察することが多いからである。しかし、命題2ではそれに限定されない能力の社会的な構成のされ方を含んでいる。具体的には、社会の仕組みによって「能力」なるものが特定の利害とかかわりなく人々の前に（時として事後的に）立ち現れる側面を強調した、より構成主義的な考え方――ジェームズ・ローゼンバウムの「能力の社会的構成」説（Rosenbaum 1986）――を踏まえて考察する。

そこで本章前半では、社会というコンテクストの中での能力が、まず学問的にどのように理解されてきたのかということを押さえておきたい。それによって、これまでの社会学的能力論の型を整理しておき、その範囲に収まりきらない幅広い能力現象に対応できる枠組みとして、能力の社会的構成説を位置づける。

そして本章後半では、能力がいかに社会的に作り出されているのかを事例に即して考える。とりわけ、第2章で例示したような、測定が実は困難なさまざまな能力評価場面に、いかにして社会的構成の要素が入り込んでいるのかという点も振り返ってみたい。

†メリトクラシーとは何か

社会のなかで「能力」が持つ意味を考察してきたのは主に社会学であるが、その社会学において「能力」の議論には欠かせない用語がある。それが「メリトクラシー（meritocracy）」である。メリトクラシーは、日本では「能力主義」とほとんど同義の言葉として使われてきた。私自身の著書（中村 2009）もそうだが、専門的書籍であれば、タイトルに「メリトクラシー」を用いた本は何冊もある。それぐらい「メリトクラシー」という用語は日本語のなかにも、「能力主義」と重なった意味を示す言葉として入ってきつつある。

海外ではもっと一般向けの本にも"meritocracy"は登場する。例えば、ジェフリー・レウィスの小説のタイトルはまさにそのものズバリ、『メリトクラシー』である（Lewis 2004）。また、"meritocracy"で検索すれば、英語圏では日本以上に幅広い文脈でこの言葉が使われていることがわかる。中には「メリトクラシー党」（The Meritocracy Party）なる団体もあって、世界中にメリトクラシーとその前提となる機会均等の思想を広めようとしているらしい。

このように英語圏では広く一般にも議論されうるメリトクラシーだが、なぜメリトクラシーがここまで概念としての広がりを持ちえたのか。それは近代社会においてさまざまな属性的基準による地位の配分がご法度となり（少なくとも理念的にはそうした属性による地位の配分――もっともわかりやすいのが世襲による地位の継承――がネガティブにとらえられるようになり）、「能力」（＝merit）が近代社会において人々の社会的地位の配分を決定しうる唯一の原理としてみとめられてきたからである。

†「能力主義」と「能力による支配」

しかしながら、メリトクラシーにはただ単に能力主義という意味合いがあるだけではなく、能力を持った人間による支配の体制を意味する側面もある。いやむしろ、後者の意味合いのほうがもともとの英語の語義に近いと思われる。

オクスフォード英語辞典によれば、メリトクラシーには次の三つの意味があるという（筆者訳）。

①　メリットによって選ばれた人々による支配ないし権力の掌握
②　メリットによって選ばれた人々により統治される社会

③ 教育を受けた、あるいは能力のある人々という支配階級
(Oxford English Dictionary)

考えてみれば、…cracy なる接尾辞が○○主義であると同時に、○○支配とも訳されることを思い起こせば、これも当然の話である。例えば、democracy は、民主主義という訳もあるが、民主制でもある。同様に、aristocracy は貴族制である。つまり、…cracy は…による政治支配体制というニュアンスがある。そして、メリトクラシーもまた、当初からそのような含意で実際に用いられていた。

このメリトクラシーなる語を作ったのは、イギリスの社会学者、マイケル・ヤング(Michael Young)である。多くの英語辞典にこの語の初出が一九五八年とあるのは、このヤングの著書『メリトクラシー(The Rise of Meritocracy)』(Young 1958＝1982)のことを指している。

このヤングの『メリトクラシー』は、一種の空想小説のスタイルをとっており、一九世紀のイギリスにおける能力主義的選抜の幕開けから説き起こし、二一世紀において知能測定技術の飛躍的発展から知能検査に基づく能力階級が生まれてしまう社会を風刺的に描い

たものである。出生前から能力が判別できるような極端な社会を空想的に描くことで、逆説的にメリトクラシーが孕む問題性をあぶりだす、そういった作りになっている。つまり、ここで主題となっているのは、能力主義そのものというよりは能力をもつ人々による支配の本質である。そして、マイケル・ヤングがすでに六〇年前に気づいていたように、これは近代社会が抱え続けなければならない病のような側面を持つのである。

†近代化とメリトクラシー

こうした近代社会とメリトクラシーの関係については、私自身、何度もいろいろな場所で説明をしてきたのであるが、初めての読者のことも想定して、簡単に説明しておこう。結論からいってしまえば、近代化は、社会システムの合理化を進める過程でメリトクラシーを生み出していくが、それは合理的な側面と不合理な側面を同時に抱えた形となるのだ。

私がいつも使う図はつぎのようなものである（図表3-1）。図の左側の△は親世代の社会を、図の右側の△は子ども世代の社会を示しており、左から右への矢印は地位の世代間継承の関係を示している。そして、上図は前近代社会を、下図は近代社会の図となっている。

前近代社会では、基本的に親が社会のなかで占めていた社会的地位は子ども世代にそのまま受け継がれるケースが多かったし、少なくともそうした規範によって強く枠づけられてきたといえる（血縁の原理）。江戸時代の身分制度がいちばんわかりやすいが、要するに武士の子は武士に、農民の子は農民に、ということである（もちろんすべて厳格に世襲であったわけではないけれども）。

ところが、近代化が進むとこうしたシステムは受け入れられなくなる。なぜなら、近代社会とは、多かれ少なかれ、自由や平等や効率といった価値観が前面に出てくる社会だからである。世襲のようなシステムは、まったく不自由であるし、恵まれた地位への接近機会は不平等に配分されているし、それはまた適材適所の人材配置を拒む非効率なあり方ということになるからである。かくして、近代社会では図表3－1の下図の矢印のように世代間の地位の対応関係は崩れてくる。そして、ここにいたって地位の配分原理として、近代社会の理念と対立しない考え方が採用される。それが能力の原理、すなわち能力主義なのである。この能力主義に基づく支配の体制がメリトクラシーだとすれば、メリトクラシーはこのページの下の図のようなものだとイメージしてもらってよいだろう。これが、近代化とメリトクラシーの基本的な関係である。

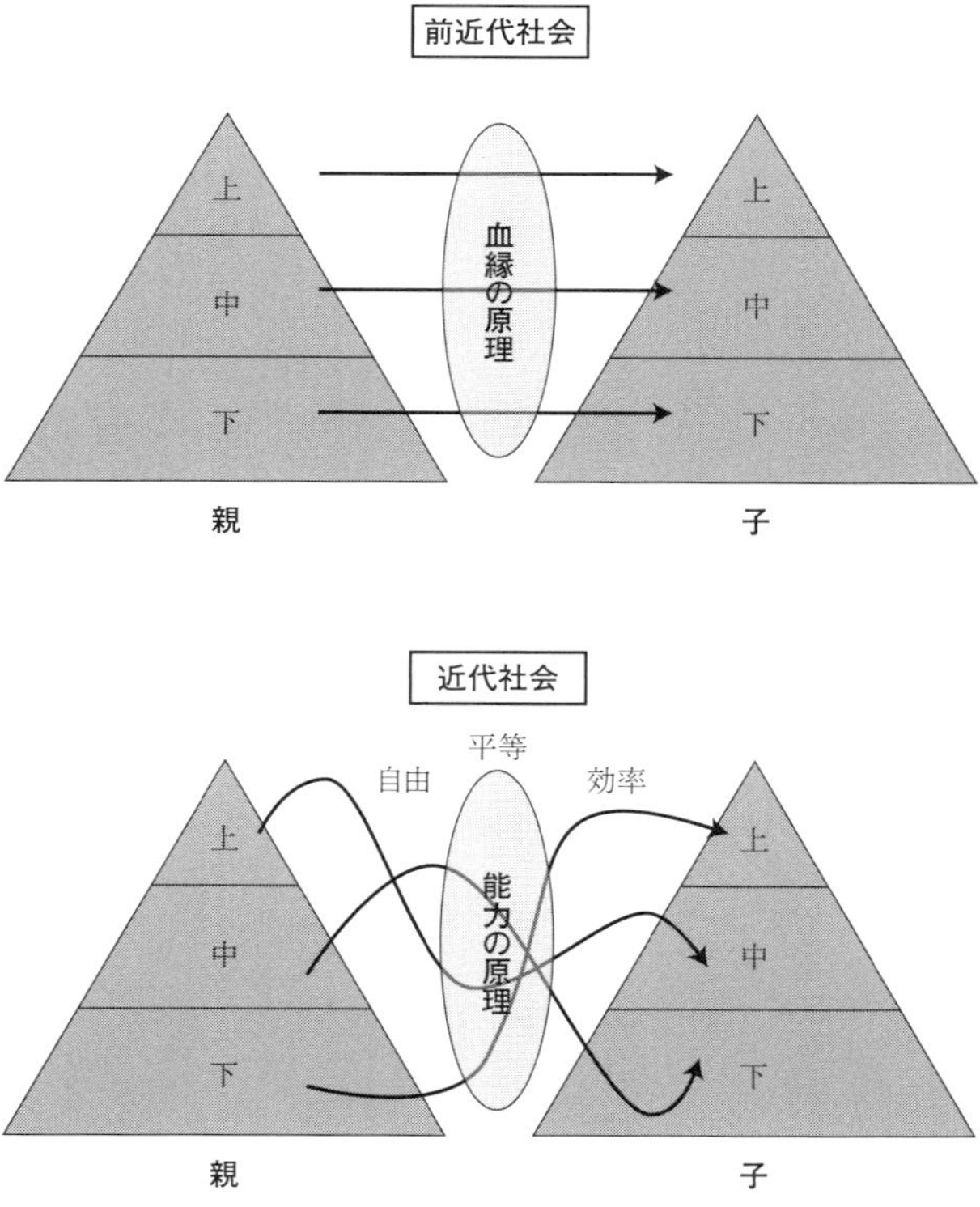

図表3－1　近代化とメリトクラシーの関係

†試験と学歴

ここまでの説明だけであれば、おそらく前章までの話とつじつまが合わなくなる。すなわち、「能力というのは測るのが難しいのではなかったの？」ということになる。その通りである。では、近代社会では、能力測定の原理的困難を抱えながら能力主義を標榜するという難問に、どのように対処してきたのか。

そこで登場するのが試験と学歴である。知識・技術を重視する産業社会において、まさに知識・技術を教える学校教育のシステムはこれと連動して普及・拡大した。だから、みんなが納得できるような能力測定装置がなかなか見出せない状況においては、少しでもたくさん学校教育を受けた人やみんなが同じ条件で受けたテストの成績が良かった人を、とりあえず「学校でたくさん勉強して、いろいろな知識や技術を習得した人なら、きっと能力があるにちがいない」と想定し、学歴や資格を持つものを「能力あり」とみなすことにしたのである。

だから、試験制度や学歴主義は、現代ではしばしば時代遅れのような言い方さえされることもあるけれども、前近代社会から近代社会への大きな歴史的転換を重視する立場から考えれば、どちらもきわめて近代的なのであり、決して偏見や思い込みだけから採用された不合理なシステムとして理解することは適切ではない。これがさきほど述べた合理的側面である。

しかし、試験制度や学歴主義は、能力評価のシステムとして一定程度は機能するものの、十分に満足しうるほど人々の能力を正確かつ説得的に表現できているわけではない。その意味ではまさに暫定的なメリトクラシーである。そして、時にはこの暫定的なものに過ぎないものが私たちの生活を大きく歪めることになる。これがさきほどのべた不合理な側面ということになる。そして、この「暫定的である」ということをどのように理解するかによって、現代社会におけるメリトクラシーの見え方はまるで変わってくるのである。それについての説明は本章後半の課題であるのでしばらくおいておくとして、この章では、以上のように説明されるメリトクラシーの基本的説明図式（私自身はこうした図表3-1のような説明図式を「近代化とメリトクラシーのテーゼ」と呼んでいる）をベースとしながら、どのような議論がなされてきたのかを紹介しておこう。

†メリトクラシーの説明①――メリトクラシー進展論

メリトクラシーと社会の関係をめぐる議論としては、ごくおおまかにいって二つのパターンがある。第一に、世の中全体が近代化するにしたがってメリトクラティックになっていくことを強調する「メリトクラシー進展論」がある。そしてもう一つは、近代化とともに本来ならメリトクラシーが進展するはずであるのにそうなっていない、ということを強調する「メリトクラシー幻想論」である。これらは、近代社会におけるメリトクラシーの合理的側面と非合理的側面にそれぞれ対応している。

学問的言説に限定されない幅広い議論として、このメリトクラシー進展論は一定の社会的支持があると感じる。第1章でも議論したように、「新しい能力」を待望するような議論はこの系統に属するからである。世の中全体が新しい時代に合わせた能力を求めるようになっているのだから我々も知識量に依存する学歴やテストの結果などに頼る古い能力観は捨て、新しい能力観に転換しなければならないし、それが必然的趨勢だ、と。この種の議論では、ほぼ無自覚・無前提に、メリトクラシーの合理性を、そして合理的であるがゆえに趨勢としてそれが進展していくことを暗黙のうちに想定している。

学問的な議論では、産業化命題（Treiman 1970）といわれるものは、ある種のメリトクラシー進展論を含んでいる。すなわち、社会が産業化すればするほど社会的な開放性が高まっていくという考え方である。それにしたがえば、産業化は教育機会の平等化を促し、教育歴をはじめとする個人の業績にもとづく地位の配分システム、すなわちメリトクラシーを進展させることになる。この手の議論は、社会学では機能主義といわれる理論的系譜にしばしばみられるものである。たとえば、技術的機能主義とよばれる立場にしたがえば、科学技術の高度化によって人々に求められる教育水準は引き上げられ、それに呼応する形で教育は拡大していくという。つまり、教育の拡大は、メリトクラティックで開放的な社会の趨勢として理解されるのである。

ところが、実はこうしたメリトクラシー進展論をそのまま鵜呑みにして議論を展開することは、むしろ現代の社会学では少ない。それは、さまざまな実証的研究によって、どの社会も近代社会の理念のようには社会の開放性も直線的には高まらないし、したがってメリトクラシーが順調に進展しているともいえないということが明らかにされてきたことが、大きな理由の一つである。そこで登場するのが、メリトクラシー幻想論である。

†メリトクラシーの説明②——メリトクラシー幻想論

メリトクラシー幻想論は、基本的に、メリトクラシーの前提となる教育・職業機会が開かれていないという点を特に強調する。例えば、アメリカの経済学者であるボールズとギンティスは、マルクスの階級論をベースに、学校教育が一見開放的に人々にさまざまな機会を提供しているようにみえながら、実は資本家階級の子どもにはリーダーシップなどの素養を、労働者階級の子どもには支配を受ける側に必要な従順さを仕込む装置になっていると指摘した（Bowles & Gintis 1976＝1986-67）。こうした階級格差について、それは知的能力の反映にすぎないとする反論（こうした反論は時を超えて現在でも耳にする）を想定し、彼らはIQテストや認知テストのデータを使ってそれに反論する。すなわち、IQテストおよび認知テストの結果をコントロールしても（つまり同じ能力条件の人を比べても）出身社会階級と本人の現在の所得との関連は顕著に残存することを指摘するのである。そこから彼らが注目するのは、階級的なバイアスであり、結局のところメリトクラシーは階級差別隠ぺいのイデオロギーだとするのが彼らの主張である。

ここまで明確にメリトクラシーそのものを資本家階級のイデオロギーとして扱うものが

議論として多いわけではないものの、メリトクラシーの理念と現実に乖離があることを指摘するものは社会学には非常に多い。ウェーバー流の身分集団論によって教育が拡大しても格差が縮まらない現状を捉えたランドール・コリンズ（Collins 1979＝1984）の議論は、メリトクラシー進展論へのアンチテーゼとして提出された代表的なメリトクラシー幻想論である。いわゆる再生産論と呼ばれる理論（例えば、ピエール・ブルデューらの文化的再生産論〔Bourdieu & Passerron 1970＝1991〕など）も、こうした議論につながる内容を含んでいる。教育選抜が個人の能力や努力よりも親の財産と願望に基づくことを正当化するイデオロギー（＝ペアレントクラシー）の台頭を指摘するフィリップ・ブラウン（Brown 1990）の議論なども、概略このカテゴリーに含まれよう。

これらの議論にあるように、メリトクラシーは幻想だというのがもう一つのメリトクラシー論の基本的トーンなのである。

†メリトクラシー進展論の問題

ごく簡単にではあるが、社会学的なメリトクラシー論の二つの説明パターンを紹介してきた。人によってはこれらの説明のどちらかに強く共感を覚える方もおられるだろう。学問的議論に限定しなくても、この二つの説明パターンは我々がメリトクラシーを考えるときに、実際議論してきたことなのである。どちらかといえば保守系の人はメリトクラシー進展論を好みそうだし、また革新系の人はメリトクラシー幻想論に「わが意を得たり」と納得する人が多いかもしれない。日本でも現状に対して批判的な議論において「格差社会論」が展開されてきたことを踏まえると、社会を批判的な観点からみることを好みがちな社会学でメリトクラシー幻想論が多いのは、決してデータによる実証が進んだからということだけが理由ではないようにも思われる。

問題はここで議論を留めるかどうかである。この二つの説明パターンを聞いてみて、どちらもどうも釈然としない、という感覚をお持ちの方は、おそらく私と気が合う方々である。私が本書で目指すのは、まさにこのようなメリトクラシー論のステレオタイプの解体だからである。

では二つの議論の何がいけないのか。

まずメリトクラシー進展論は、能力というものへの社会的まなざしが融通無碍に変わり得ることに対してあまりにも無頓着である。第2章でさまざまな例を挙げて指摘したように、能力はその能力測定の具体的条件を考慮したとしても非常に測りにくいものであるが、社会全体のメリトクラシーの進展を語る場合には、能力の意味内容や範囲を一面的にとらえるか、あるいはほとんどそれを定義することなく抽象的にとらえがちである。そこに無理がある。

極端な例がわかりやすい。前近代の世襲的地位継承社会は能力をまったく無視してきた社会だったのか、世襲の歌舞伎役者の世界は能力を問わないのか、といわれたら、皆さんはなんと答えるだろうか。実は、必ずしもそうとはいいきれないと思う人が多いのではないだろうか。私もそう思う。その理由は、前近代社会や歌舞伎の世界にはそれぞれのコンテクストにおいて能力を重視した行為が行なわれていると想像するからである。能力ある人材を登用しようとする発想は、古くは古代中国の科挙に典型的に見られるし、日本でも現実の運用実態はともかくとして思想的には古代における冠位十二階などにも含まれるとされる考え方である。また、歌舞伎や能の世界でも芸の到達水準が厳しく査定されていることは論をまたない。これらが世襲的であることをもって、閉鎖的で機会が開かれていない非メリトクラティックな社会であると断じることは、私には皮相な見方に思われる。メリトクラシーが能力（メリット）を持つ人による支配だとすれば、歌舞伎や能のような芸の世界では、幼少期より親から子へと芸を伝え、鍛え上げることによってのみ、メリットを持つ人が生み出されるとも考えられる。つまり、メリットを持つ人というのは、別に開かれた競争によって選抜されるという手段からのみ生み出されるのではないと考えれば、ここにもある種のメリトクラシーは存在しているのである。むしろ、公開競争によって勝ち上がった人だけをメリットを持つ人だとする考え方そのものが、特定の価値観に縛られているのだ、という主張さえありうる。メリトクラシーが近代化が進むにしたがって広く深く浸透していくイメージを持つメリトクラシー進展論に立つと、こうした「前近代的」ともいえる事例に対して一切メリトクラティックに理解することができない。だから、メリトクラシー進展論にそのまま簡単に乗ってしまうわけにはいかないのである。

†メリトクラシー幻想論の問題

ではメリトクラシー幻想論のほうはどうか。こちらの議論のほうも大きな問題を抱えている。すなわち、画一的かつ理念的なメリトクラシー基準を措定し、そこから現実までの距離を測ることでその幻想性を強調しがちなのである。したがって、あえて単純化を恐れずにいえば、いつも同じような結論に至ってしまうというところが、最大の問題である。理想的なメリトクラシー状態を基準として（しばしばそれは教育・職業機会の完全な開放性が基準として持ち出される）設定すれば、あらゆる現実はメリトクラシーから乖離していると判定されることになる。結論は「まだ十分にメリトクラシーではない、まだ十分にはチャンスは開かれていない」という話になる。

もちろん、個々の研究がみなここまで単純なわけではないけれども、最終的な結論めいたものはどうしても似通ってしまう。例えば、マクナミーとミラーの『メリトクラシーの神話』は、その典型である（McNamee & Miller 2009）。彼らはSociation Today誌に著書と同じタイトルの論稿を寄せているが、そこではこの著書について、そのシステムの作動の仕方を人々がどのように考えているのかということと、実際にそのシステムがどのように作動しているのかということとのギャップを議論することによって、メリトクラシーの神話に挑戦したのだ、と自ら語っている。これは、まさにアメリカンドリームのような理想的イメージと現実とのギャップを強調することでメリトクラシーを神話と結論付ける、典型的なメリトクラシー幻想論の議論のパターンを踏襲している。しかしながら、アメリカンドリームが現実から乖離しているというのは、一冊の本を使って述べなければならないほど新しいことなのだろうか。そのようなことはわかりきったことではないのか。メリトクラシー幻想論にはこのようなパターンが残念ながら多い。メリトクラシーの幻想性を指摘することによる社会的・政治的効果は無視できないので、その点ではこの手の議論の存在意義は認める必要があるが、ではそれらがアカデミックな意味での知的革新につながりうる議論を積み上げているのかといわれると、正直いって疑問符をつけざるをえない。

†能力基準の多様性

では、どのような議論が他にありうるのだろうか。メリトクラシーが進展しているのか幻想なのかについてなんらかの形で白黒つけるためには、メリトクラシーというものが一つのベクトルを持つものとしてまとまった形で存在することが仮定されなければならない。しかし、社会で求められる能力の多様な形を許容するという（筆者にいわせればごく自然な）スタンスに立つならば、もはやそのような単純な議論には戻れないということになる。そして、第1章でそれぞれの職業に求められる能力が多様であるということをデータからも指摘したように、メリトクラシーの基準が多様であることをいったん前提としてしまうと、そもそも社会全体としてメリトクラシーが進展しているのか幻想なのかと問うこと自体にあまり現実味がなくなってしまうのである。

誤解のないように再度断っておくが、メリトクラシーの進展ないし幻想という方向性の議論にまったく社会的意味がないわけではない。時にはそうした言説が必要な場面もあるだろう。しかし、それは私に言わせれば、そうした議論自体がメリトクラシーの反省的特質（再帰性）を示すものではあっても、知的フロンティアを拡張するような議論には感じられないのである。角が立つようであれば、私自身のことだけに限定してもいい。少なくとも私は、このような議論をするのに高度な知的操作が必要だとは感じないのである。

†学歴主義はメリトクラティックか？

再びわかりやすい例として、学歴による処遇の差異を考えてみよう。例えば、階級や民族、性別や年齢といった属性（つまり本人の意思によって事後的に変更できない性質）によって収入や昇進の処遇に差異をつけることは近代以降の社会では基本的に差別や不平等の典型的な議論を引き起こす。「あなたは日本人だからアメリカ人より時給が低いです」と言われたら、ほとんどの人はこれを差別と考えるだろう。そして、このような会社に対して能力主義的な経営を行なっているとはみなさないだろう。これと比べるならば、学歴別処遇は相対的にはメリトクラシーだと見ることもできる。なぜなら、学歴は本人の努力によって事後的に獲得できる業績主義的な指標だと考えられており、また職務遂行能力と（強い相関ではないにしても）まったく無関係とはいえない知的操作能力の一端を示している可能性は捨てきれないからである。したがって、相対的には、学歴主義はメリトクラティックだといいうる場面がある。

しかし一方で、日本の学歴社会批判に見られるように、職務遂行能力を職業ごとに詳細に見た場合には、学歴という基準はそれとは必ずしも直接的に関係ないことのほうがむしろ多いかもしれない。こうした点に着目すれば、学歴によって処遇に差異を設けることは、それが真のメリトクラシーを歪めているとする見方をとることもできる。

このように考えてみると、ある現象なり、ある社会体制なりをメリトクラシー基準によって評価する場合には、どこに軸足をおいて考えるかによって結論が正反対になる可能性がいくらでもあるということである。もう一つ踏み込んでいわせてもらえれば、まったく同じ現象を取り上げていても、ある基準では「これはメリトクラティックだ」と断じ、別の基準では「あれはメリトクラティックではない」と、我々はやろうと思えばいつでも論じることができるのだ。それはメリトクラシーの基準が多様であること、そしてそれらがおおむね同じ方向を向いた基準になっているという無理な仮定をおかないことを前提とするならば、論理必然的にそうなるのである。つまり、メリトクラシーの進展を主張する議論に対して、別のメリトクラシー基準を持ちだせばいつでもその幻想性を描くことができる。逆も同じである。すべてにおいてメリトクラティックな（あるいは非メリトクラティックな）状況が成立していない限り。

ここまで論じてくれば、「メリトクラシーが進展しているのか幻想なのか」と論じる議論の素朴さは明らかだろう。社会全体としてメリトクラシーが進展しているのか幻想なのかを問題にしたところで、それはまったくリアリティを欠いた議論のように、私には思われるのである。では我々はどのようなスタンスに立つべきだろうか。

†第三の道――能力の社会的構成説

わたしたちは、メリトクラシーの基準をアプリオリに画一的に設定し、それへの到達度を考察するような思考から少し距離をとってみる必要がある。能力を評価する基準は基本的に文脈依存的なのだと考えてみよう。そしてその文脈こそが、我々がイメージする「能力」そのものを構成する重要な要素だと考えてみるのである。

実はこのようなスタンスで能力主義に関する考え方に重要な問題提起を行なった学者がいる。アメリカの社会学者、ジェームズ・ローゼンバウム（James Rosenbaum）である。

ローゼンバウムは、実は教育研究だけではなく労働研究でも知る人ぞ知る社会学者である。それは、彼が企業内昇進の研究を行なうなかで昇進構造の「トーナメントモデル」を提示した実績を持つためである。このローゼンバウムモデルを参照して日本でも企業内の昇進構造の実証研究が行なわれたこともある。

トーナメントモデルとは、企業内の昇進の過程で、いったん昇進競争から遅れを取ると、以後は競争から除かれ、勝ち上がった人たちの中で次の昇進競争が行なわれる、という昇進パターンを示すものである。それがあたかもスポーツ競技のトーナメント戦のような様相であることから、その名がついている。

しかし、このトーナメントモデルは、企業内昇進構造のパターンを示しているだけではなく、能力論にも示唆的な内容を持っている。というのも、このトーナメント型昇進構造は、トーナメントで敗れた場合、その人物の能力を「そこまで」という形で定義づけるメカニズムも内包しているからである。

具体的に考えよう。ある会社で新入社員のほとんどが入社五年目で主任に昇格していたとしよう。その場合、一部に主任にならなかった平社員がいる。彼らは低い能力評価を受けて昇進ができなかったのかもしれないし、またなにか別の理由があったのかもしれないが、ここではそれはどちらでもいい。それよりも、ここで遅れてしまった人が主任の次の係長への昇進競争で追いつくことがきわめて難しい構造になっている場合に付与される意味こそが、トーナメントモデルのミソである。つまり、その後彼らがどれほど努力しても、またそれまで示していなかった潜在能力を開花させても、はたまた営業成績を上げたとしても、次の競争に参加できにくい構造であるならば、それは彼らの能力の上限が前のトーナメントの時点で構造的に定義づけられてしまっていることとほぼ同じなのである。「あの人は、いまは頑張っているけど前回昇進できなかったということはやはり何か劣っているところがあるのだろう」といった形で、トーナメントの結果がその人の能力の値踏みに使われてしまう。言い換えれば、トーナメントの構造が能力の定義を事後的に作り出してしまうということなのである。「能力の社会的構成」。ローゼンバウムはその現象をこのように命名した (Rosenbaum 1986)。

†日本で受け入れられる土壌

この能力の社会的構成説を日本で大いに紹介し、自ら日本のケースに適用する研究を行なって独自のメリトクラシー論を展開した研究がある。竹内洋の『日本のメリトクラシー』(1995)である。今ここで語った「能力の社会的構成」の議論も、実は竹内の議論を自分なりに解釈しなおして再構成したといっても言い過ぎではない。能力の社会的構成説について知りたい読者は、竹内のこの著作もあわせてご覧いただくことをお勧めする。

それはさておき、竹内の著書の中で、ローゼンバウムに関する非常に興味深いエピソードが紹介されている。それは次のようなものである。

ローゼンバウム教授は一九九〇年に来日し、東京大学や京都大学などで講演会を開いた。かれの増幅効果論や能力の社会的構成論は日本の教育関係者や教育社会学者に大きな関心をよんだ。彼自身が「欧米では私の論説はマイナーな議論なのに、日本ではどうして大きな興味をもたれるのだろうか」と驚いたくらいである。増幅効果論や能力の社会的構成論が、日本社会におけるメリトクラシーの疑惑の背後仮説とマッチングしたからである。(竹内 1995、二三九頁)

竹内の指摘の通り、日本では竹内の紹介もあって広く知られている「能力の社会的構成」という概念も、英語で“social construction of ability”で検索してみると、ローゼンバウム本人の論文以外で彼の能力の社会的構成説に言及する研究論文にはなかなか行き当らない。つまり、同じ「能力の社会的構成」ないしはそれに類似した用語を使っていても、ローゼンバウムを引用していないのである。これはローゼンバウム自身がいうとおり、彼の議論が「マイナー」扱いされていることを示している。なぜだろうか。

竹内は、この点について、「階級やホワイト／ノン・ホワイトに帰属されるメリトクラシーの疑惑という欧米の社会学者の背後仮説とずれてしまう」(同書、二三八〜二三九頁)ことに原因を求めている。つまり、さきほど本章で批判したメリトクラシー幻想論のパターン、つまり画一的メリトクラシー基準からみて階級などのバイアスがかかるがゆえにメリトクラシーが幻想となっているという、やや言い方は悪いがお決まりの方向性の結論を得意とする欧米社会学者にとって、能力の社会的構成説は、使いにくい説だということなのである。しかし、竹内がまさに実践して見せたように、階級や人種問題のリアリティが欧米との比較で言えばかなり薄い日本においては、むしろリアルな説として受け止めることができるのである。

†学歴主義の社会的構成

竹内は、ローゼンバウムの説が適合する土壌として、学歴主義に対するまなざしに注目する。「イギリスの教育社会学者が階級固着だとすれば、日本の教育社会学者は学歴固着」（同書、二四〇頁）であるという。しかし、この学歴主義こそ、いったん学歴獲得競争で勝ち上がったものに対して能力の下限を定義し、その後の就職活動や昇進競争という（入試競争とはずれた場面で）「真の実力」以上の過剰な能力評価が与えられるという利得増幅効果を生み出す当のものなのである。トーナメントモデルが適合的な事例は日本の学歴主義なのである。

ただし、学歴が自動的に「能力」を社会的に構成していくわけではない。コンテクストが「能力」の概念に不可分に結びついているのが能力の社会的構成説であることを、再確認しよう。

日本において学歴が能力の指標として特に利得増幅を促すにはいくつか条件＝コンテクストが重要である。第一に、学歴獲得過程は広く開かれていなければならないということである。能力を社会的に構成するシステムの側から見れば、できれば全員参加が望ましい。

というのも、レースに参加しておいて、負けた時だけ結果を受け入れないのだという態度を貫徹できる人はおそらくきわめて少ないからである。レースに参加することは、レースの結果を受け入れることと密接に関連する。その意味で、教育拡大＝進学率の上昇は、この学歴の信ぴょう性を高める一つの条件となる。

しかし、それだけでは学歴は能力に昇格できない。それは、学歴獲得のプロセスが能力測定手続きとしてその社会にとって説得的なものになっていなければならないのである。日本や多くの東アジア諸国における学歴獲得過程において特に目立つ方式だが、全員一斉実施による学力筆記試験には、科学実験のような論理が埋め込まれている。つまり、まったく同じ問題を、まったく同じ時間に行ない、その他の一切の条件を考慮せずに平等に実施する試験での得点差は、他の条件をすべてコントロールしたうえで、条件を一つだけ変えて行なわれる比較実験の結果の違いによく似ているのである。そのため、科挙のように少々試験問題の内容自体に問題があったとしても、結果は社会に受け入れられやすいものとなる。もちろん、測定される内容がその社会にとって重要なものとみなされているものなら、さらに学歴によるメリトクラシーは説得的なものになるだろう。

このように、多くの者が競争に参加をし、その社会に説得的な方法と内容で正当性が獲得されるならば、学歴主義は暫定的なメリトクラシーの基準として社会的に受け入れられるのであり、いったん社会的に受け入れられた選抜の結果は、その文脈を外れても一定の効力を発揮する。その意味で、学歴主義は、まさに能力の社会的構成の好例だといえるのである。

†諸能力の社会的構成

以上のように、能力が社会的に構成されるという見方は、シンプルで一次元的な従来の社会学的能力論――すなわち、理想的に機会が開放された選抜を基準点とした能力論――から一歩外に踏み出した、チャレンジングな能力論である。この観点からさまざまな能力を見てみると、より一層、能力主義と社会の関連が気になってくるはずである。

ここで、第2章で例示した諸能力に関して、「社会」がそれを枠づけ、定義づける側面を意識してみるとわかりやすいだろう。

第2章でまず取りあげたのは、コミュニケーション能力であった。しかし、これも貴戸が指摘したように、関係性において立ち現れる性格のものであるならば、まさにどのような関係のなかで発揮されるコミュニケーションを測定しようとするのかということが本来必要である。しかし、そうした手続きを経ずになんとなく社会のなかで抽象的に、コミュニケーション能力が必要なのかどうか、多いか少ないか、という一次元的な思考で議論しがちであるということ自体が、コミュニケーションをそのようなものとして定義しているということであり、きわめて社会的である。私たちはそのような、茫漠としたコミュニケーションに関する能力を「コミュニケーション能力」として社会的に定義し、社会的に重要な位置づけを与えつつある、とみることができるだろう。

次に、学校の成績評価についてはどうだろうか。第2章では、どのような内容の問題を問うのか、またどのような採点基準を用いるのかという点で、結果にブレが生じることを指摘してきた。国語のテストで登場人物の気持ちや作者の言いたいことを問う方式が、特定の国語思想に枠づけられていることを指摘したのは、石原(1999)であった。しかし、逆に言えば、心情主義的に文章を読むことを是とする社会的コンテクストがあるとも推測できる。そして、国語の成績は、そうした心情主義的な読みに統一的な解釈を与えるという、小説家や国文学者で首をかしげる人もいるようなアクロバティックな方法で正解に達した人を「能力アリ」と暫定的に認めることをやってきたのかもしれない。そこには、文学や国語の純粋なロジックを超えた、社会的に構成された能力判断が示されている。

算数のかけ算の順序問題も同様である。高橋が整理しているように、「一つ分の数×いくつ分」という順序は、数学的にはあまり根拠がない。それにもかかわらず順序があるとして教えるということが生じる現象をみて、本書の文脈ではここに「社会」が心霊写真のように背後から顔を出していることに注目しなければならない。算数の応用問題は、純粋な数学的ロジックの学習ではなく、実生活のなかで使う計算のロジックとつなげることが含意されている。その場合の実生活とは、社会の価値観（普通は4個ずつ配ると決まっているなら4個セットにしてから6人に配るだろう、これを日本語の順序で考えれば4×6になるだろう）に深く根ざしていると思われる。こうした社会的文脈のなかでの計算は、ガラパゴス化などと批判されてもいるようだが、やはり社会的に構成された能力測定の方法なのである。おそらく多くの社会において算数教授法のローカル・ルールがあると思われる。

†項目反応理論が日本で受け入れられない社会的事情

選抜試験制度に関しても、どのような内容や手続きで能力を測定することが、妥当かつ公正であるのかをめぐって常に議論があるが、実は第2章で言及した高大接続改革において実現の雲行きが怪しくなっている項目反応理論による新テスト構想は、必ずしも技術的な難点だけで後退しているわけではない。アメリカではかなり前から使われている方法であり、日本でも民間のテストでは使用例があるわけであるから、その気になればできるのではないかという感じもする。しかし、そこにはなかなかそのように割り切れない社会的事情が、やはり存在している。

テスト理論の専門家である前川眞一は、このことを指して「試験の日本的風土」と呼んでおり、六つのポイントに整理している（前川 2015）。

①年に一度、同一問題での試験の一斉実施
②新作問題のみでの試験の実施
③試験問題の公開
④大問形式の利用
⑤問題作成とテスト編集の融合
⑥素点・配点の利用

これらの「日本的風土」はいずれも、項目反応理論を用いたテストにことごとく抵触してしまう。①にこだわるならば、項目反応理論の大きなメリットである複数回受験の道は閉ざされることになり導入のデメリットばかりが突出することになる。また②のように新作問題だけでやるのは項目反応理論のテストでは現実的に困難である。なぜなら、項目反応理論によるテストは事前に統計的性質がわかっている問題を使う前提があるからである。一方でその性質を事前に知るためにプリテストなどをやると問題漏えいのリスクが発生する。③の試験問題の公開も、日本では受験生などへの教育的配慮からオープンにしているが、項目反応理論に依拠すると、いったん公開した問題は再利用できなくなる。これも、問題プールに大量の問題を溜め込んで使い続けられるという項目反応理論準拠のテストの持つ利点が失われてしまう。④の大問形式についても、ほとんどの日本の学校でのテストの形式がこれであり、もし項目反応理論が得意とする小問の多用が基本になるのであれば、日本社会に根付いている、総合的な問題によって思考力を測るような方法はかなり捨てざるを得なくなる。⑤も、項目反応理論では先ほども述べた通り、すでに統計的性質がわかっている問題を大量にプールすることで実施されるので、もし選抜をする側が作題にこだわれば（すなわち自分たちが選抜したい生徒・学生は自分たちの出題した問題の出来栄えで選ぶというスタンスを堅持するならば）テスト理論を使うことは難しくなる。そして、さきほども述べたように、⑥でも、項目反応理論では素点は出されない。尺度得点のみなのである。日本の試験風土と呼ぶべきかどうかはともかくとしても、前川が指摘したような条件のなかで構築された能力判断基準は、いうまでもなく社会的なものといってよいだろう。

†素点合計主義の社会的側面

前章でも指摘した素点合計主義についても、単なる無知や認識のゆがみだと考えるよりは、それを許容する何らかの社会的土壌がある、と考えたほうがよいかもしれない。これは言い換えれば、こうした能力の判定方法を支持する心情を、「社会」が背後から強力に支えていたのではないか、ということでもある。

合計点には、すべての人が単純に差を差としてそのまま理解できるという、大変便利な性質がある。大学入試センター試験では自己採点によって自分が志望大学のボーダーラインに何点足りなかったのか、あるいは何点ぐらい超えていたのかがわかる。それはすなわち、「うっかりミスをしたあの数学の問題一題をきちんと解けていれば合格ラインに届いたはずなのに……」とか「友達との差は、漢字の問題二つ分の差だから、大きな差ではない」などといった「納得の理屈」が誰にでも簡単に作り出せる仕掛けとなっている。これが実は、項目反応理論というフィルターを通して導き出される得点には感じられない圧倒的なリアリティを生み出してきた面がある。アメリカなどと比べて入試にきわめて過敏な社会となった日本では、他国とは異なる「納得の仕組み」が特に必要だったのかもしれないし、これはかつてのアメリカのSATのような適性テストの導入が日本でも何度も試みられながらもそれが拒絶されてきた歴史とも通じているものかもしれないのである。

こうしてみると、私たちの社会は、統計的にはあまり信頼のおけない単純な素点合計に社会的な正当性を与えてきたのであり、それは単純な無知やイデオロギー、歴史的な経路依存といった不合理な原因で行なわれてきたわけではない可能性がある。私たちは素点の持つ圧倒的なリアリティのなかに「能力」を構成してきた、という可能性である。

†より身近な事例から

以上の諸例は、どちらかといえば「能力」の定義に社会的要因が絡んでいるという広義の社会構成的能力の事例であるが、能力の社会的構成説をローゼンバウムのいうような、選抜システムによって立ち上げられる事後的な能力という意味で狭義にとらえる場合の身近な例も、本章の最後に挙げておくことにしよう。

非常にわかりやすいパターンであるのは、あるポストなり社会的地位に対して、特定の能力評価のイメージがあらかじめ強く付与されている場合である。例えば、テニスの四大大会で優勝した選手に対して、私たちは圧倒的なテニスの競技能力を認めざるを得ない。それは、これらのテニスの大会が、トーナメントによって行なわれ、世界ランキング上位の著名選手を含め、一回戦から一度も負けずに連勝していかなければ到達できない地位だからであろう。その地位につくためのコンテクストがガラス張りで、誰に対しても明らかであるから、私たちは、極論すればその人の試合をまったく見たことがなくても、そのテニス能力を認めるだろう。

もっとわかりやすいのは、オリンピックのメダリストである。オリンピックで実施されている競技の選手にとっては、「メダル」は場合によってはその人の人生を左右するほどの意味を持つ。なぜなら、社会的に「メダリスト」はスゴい（素晴らしい能力がある）という高い評価を受け、報道されて有名になったりするからである。しかし、結果としてわずかな差であったとしても、おしくもメダルを獲得できなかった人の扱いは小さくなりがちである。よくよく考えてみると、メダリストと非メダリストの差異は世間の扱いほどには大きなものではないかもしれない。しかし、私たちは、メダル獲得のニュースで初めて知った選手に対しても、「この人はその道ではすごいんだね、きっと」という形で、結果から遡及してその人の能力をイメージするということをおそらくみんなやっている。これはローゼンバウムが指摘するメカニズムに重なる。

同様の例は、「ノーベル賞」もそうである。むしろオリンピックなどよりも報道される機会が普段は圧倒的に少ない学問の世界の話が多いので（文学賞や平和賞は異なるが）、能力の事後的な解釈という文脈で言えば、さらによく当てはまる例である。私たちは「○○教授、ノーベル賞受賞！」のニュースを聞いて、はじめてその○○教授がすばらしい能力をもった人だという認識を得る。それだけでなく、社会的にも厚く待遇し始めるのである。しかし、実はそれと同等の成果を挙げた研究者はほかにもいるだろうし、ノーベル賞の枠がない領域もある。また、ノーベル賞は生存者にしか授与されないので、大発見をした人物でも受賞していないケースは多数ある。それでも我々が「ノーベル賞」に最大の敬意を払うのは、専門知識のないほとんどの人にとって学者の能力を測ることが困難だからである。その意味で「ノーベル賞」はたとえ偏った物差しであったとしても、暫定的に能力を評価するには非常にわかりやすいインデックスなのである。

だから、これらの例は、採用選抜において学生の職務遂行能力に関する情報をあまり持たない企業が「学歴」などの単純なインデックスを暫定的に評価しようとする心理と、実はあまり大差がないともいえる。要するに、第2章で示したような、能力が測定困難な状況における能力判断として、私たちは特定の（必ずしもそれがすべてとはいえない）基準を社会的に定義し、暫定的に使っているのである。

†暫定的能力主義の綻び

しかしながら、こうした暫定的な能力主義がいつまでも安定的でありうるわけではない。というのも、まさに今述べたように、「メダリスト」も「ノーベル賞受賞者」も時として批判にさらされることがあるからである。だから、暫定的能力主義の綻びを含め現代の能力主義の状況を理解するためには、能力の社会的構成説だけでは足りないのである。

実際、「能力の社会的構成」は、それ自体としては面白く、一度わかってしまうと我々の日常生活の中でもまあそうだろうという事例を考えたくなる議論である。しかし、そうした議論は、「近代化とメリトクラシー」のようなマクロな社会変動の考察にすぐ適用できるものではない。だから、理論的にも、そこにはもう一つ別の道具立てがいる。

それが次章以降で展開する「メリトクラシーの再帰性」の議論なのである。

第4章

能力は問われ続ける

——メリトクラシーの再帰性

†メリトクラシーの再帰性とは何か

本書のここまでの議論を踏まえ、この章では従来の能力論議とは一線を画するための概念装置を導入したい。それが「メリトクラシーの再帰性」である。なお、この概念はすでに一〇年ほど前から私の専門的研究論文や著書のなかではしばしば言及してきたものであるが（中村 2009、2011 など）、専門家以外の目にふれる機会を十分提供できていたわけではないので、ここであらためてより多くの方々にむけて、さらに説明を付け加えながら紹介していきたいと思う。

第1章で概略はすでに示しておいたが、その概念の導入を可能とする前提には、二つの命題がある。繰り返しになるが、一つは「いかなる抽象的能力も、厳密には測定することができない」（命題1、第2章で詳述）であり、もう一つは「地位達成や教育選抜において問題化する能力は社会的に構成される」（命題2、第3章で詳述）である。

では、こうした抽象的能力判断の不可能性と構成性はメリトクラシーのどのような事態を意味することになるだろうか。その答えが命題3となる。

命題3　メリトクラシーは反省的に常に問い直され、批判される性質をはじめから持っている（メリトクラシーの再帰性）

抽象的能力に対する判断が常に多様な基準を包含しうるがゆえに暫定的なものにとどまり続けるということは、私たちのメリトクラシーはけっしてゴールに到達しないということである。それは、必ず「そうでなくてもよかった可能性」を内包し続けるということである。そのような状況下では、どのような理想的な状態のメリトクラシーであっても、その能力判断の根拠に強く疑いのまなざしを向けられる可能性をつねに潜在させているのだ。

私たちは、能力主義を批判するとき、おそらくは現状のまずい能力主義の問題点を批判し、より優れた能力主義があるものとして議論しがちである。しかし、抽象的能力測定の不可能性と構成性を前提とすれば、理念的にどれほど素晴らしい能力主義的体制であっても、実際に導入されればそれは暫定的能力主義にしかなりえない。したがって、「より優れた能力主義」に見えたものでも、必ず批判される契機をあらかじめその内に含みこんでしまっているのである。それが抽象的能力を問題化するものである限り、必ずそうなるのである。

このような能力主義的選抜が、いかなる場面でも脆弱な基盤しか持たないことは想像に難くない。能力判断基準が社会的に構成されたものであるならば、それは社会環境が変わることによって容易に正当でないものへと転化する可能性を内包しているといえる。そうであるならば、むしろメリトクラシーは、事あるごとに反省的に振り返って多様な基準から問い直される性質をはじめから持っていると考えるべきである。このように常に自らの妥当性が問い直されるメリトクラシーに内在的な性質が「メリトクラシーの再帰性」なのである。

さらに踏み込んでいえば、メリトクラシーは自らを問い直す性質をもともと持っているので、常に批判にさらされがちであるけれども、それが先鋭化しすぎてしまっては社会全体のシステムがうまくまわっていかないので、それをある程度の水準まで抑え込む装置も同時に作動させている。実は、その装置が、前近代社会と近代社会、あるいは近代社会内部でも前期と後期では、その装置の種類や作動の仕方が異なる、というところを第5章では論じていきたいと思っている。ただし、そのような議論を組み立てるうえで支えとなる理論的裏付けがあれば心強い。そこで、この第4章では、ある社会学の理論に依拠しながら「メリトクラシーの再帰性」の意味を掘り下げる作業を行なっていくことを課題としたい。

†ギデンズ社会学

ここまでの議論は、ある意味で読者の方々の常識と論理に訴えかけるかたちで、「メリトクラシーの再帰性」という考え方の根拠を示してきた。しかし、ここからは、こうした考え方をひとつの社会理論と結びつけることで、より大きな社会的コンテクストに乗せていきたいと思う。

その社会理論とは、イギリスの社会学者、アンソニー・ギデンズ（Anthony Giddens, 図表4－1）の社会理論である。

図表4－1　アンソニー・ギデンズ

初期のギデンズの研究は、社会学の古典であるデュルケム、ウエーバー、マルクスの学説研究が中心であったが、のちにそれを土台として社会学的一般理論としての「構造化理論」を提唱した。それにより、彼は世界的な理論社会学者の仲間入りを果たしたといえる。構造化理論に関わる著作は多数あるが、その集大成といわれているのが『社会の構成』(1984＝2015)である。邦訳は比較的最近になって出たばかりだが、その原著刊行年は一九八四年であり、ここからもわかるように、実は構造化理論を精力的に展開していたのは一九八〇年代半ばまでであった。

その後に打ち出されたのが、ギデンズ流の現代社会論である後期近代論(ハイ・モダニティ論)であった。これもいくつかの違った観点から理論的に展開する複数の代表作を書き上げており、『近代とはいかなる時代か?』(Giddens 1990＝1993)をはじめとして、『親密性の変容』(Giddens 1992＝1995)や『モダニティと自己アイデンティティ』(Giddens 1991＝2005)などによって、「後期近代」という考え方は世界中の社会学者に参照されることになった。それは『危険社会』によって世界的社会学者となったドイツのウルリッヒ・ベック(Ulrich Beck)らの時代認識と共有する視点を持ち、ベックおよびスコット・ラッシュ(Scott Lash)との共著『再帰的近代化』(Beck, Giddens & Lash 1994＝1997)も有名である。これらに共通するのは、現代社会をポストモダンではなくモダンの延長線上で理解しようとする方向性である。この点に後期近代論の現代社会論としての魅力の一つがあるが、それはのちほど再び触れることにしたい。

その後、彼はイギリスのブレア政権のブレーンとして政策にも関わり、政策提言的な著作を次々と発表するようになった。邦訳もされ、世界中で読まれている代表的なものは『第三の道』（Giddens 1998＝1999）である。政治や経済の分野でも参照されている著作である。

†日韓比較研究からの示唆

以上が、ギデンズ社会学の、ごくごくかいつまんだ形の概要だが、ここではその全体を詳細に紹介する必要はない。ギデンズの研究には膨大なものがあり、またギデンズ自身の少々雑にも見える論じ方が災いして、その論理展開に疑問をもつ理論社会学者も多い。ギデンズ社会学を神格化して、論理を無理に拾い出そうとすることに慎重な意見もある。したがって、ここではギデンズ社会学の一貫性を擁護するための専門的議論を展開するつもりは、まったくない。むしろ、本書で考えたい論理の筋道にヒントを与えてくれる枠を大まかに与えてくれるものとして、概括的にとらえることにしたい。

ところで、私自身がなぜギデンズの議論に共感を抱いてきたのかということは、メリトクラシーの理論的考察との関連ばかりではなく、もう少し別のコンテクストもあるので、ギデンズの後期近代論を踏まえて議論を展開する前に、個別的なことがらではあるのだが少しだけ触れることをお許しいただきたい。

私の研究の主要テーマは教育選抜と社会との関係であり、それを通じて現代社会を理解するツールを発見していくことを目標としてやってきた。それは若い頃からあまり変わっていない。選抜というものは理念上、近代的な社会移動（すなわち、社会的地位を自由に移動できること）の原則が成り立っていないところでは生じないので、テーマとしてはまさに社会学の王道であるところの近代社会の解明の一助となるものだと理解できる。しかし、私自身が共同研究として行なった、教育選抜の日韓比較研究では、多少のステージの違いはあっても、同じ近代社会の枠組みの中にあるものとして理解できる日本と韓国において、その選抜システムの作動の仕方には、非常に特徴的な違いが見出された（中村・藤田・有田編 2002）。

図表4－2と図表4－3はそれぞれ、日本と韓国で学校教育システムを通過する中で希望する教育程度（これを専門用語で「教育アスピレーション」と呼ぶ）がどのように変化するのかを時期ごとに測定し、その平均値をつなげてグラフ化したものである。時期ごとにといっても、高校三年生に調査をして回顧的に過去の意識を尋ねた質問を使っているので、その精度は粗いと考えたほうがいいが、それでも日韓で非常に異なるパターンを持ってい

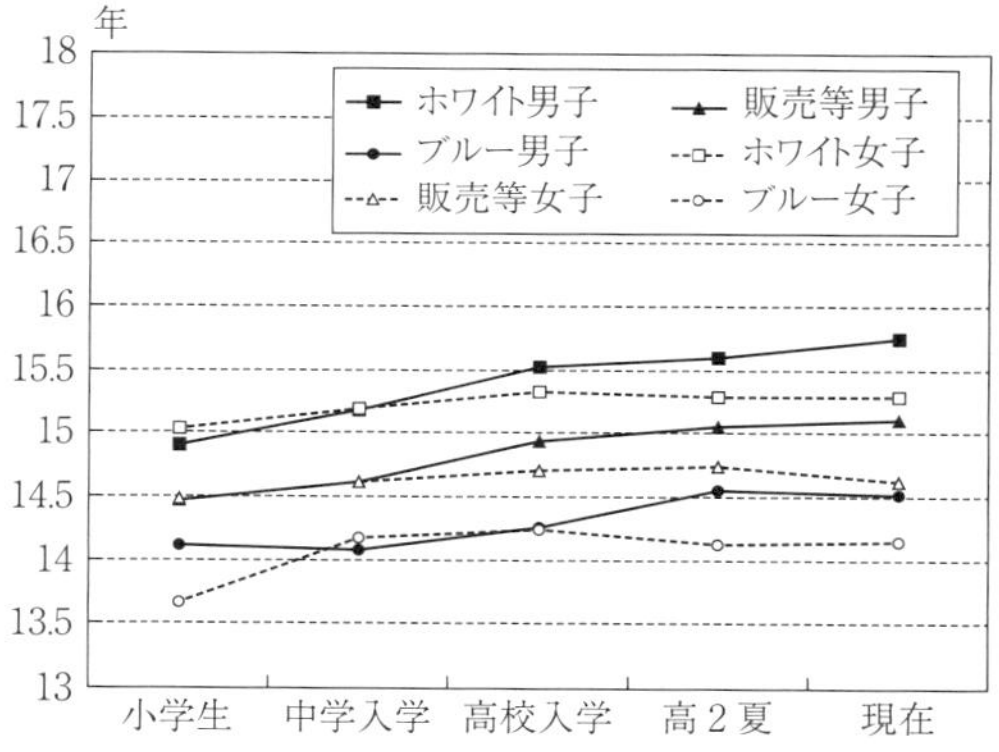

（出所）中村・藤田・有田編（2002), p. 82

図表４－２　父職別・性別・アスピレーションの変化（日本・平均）

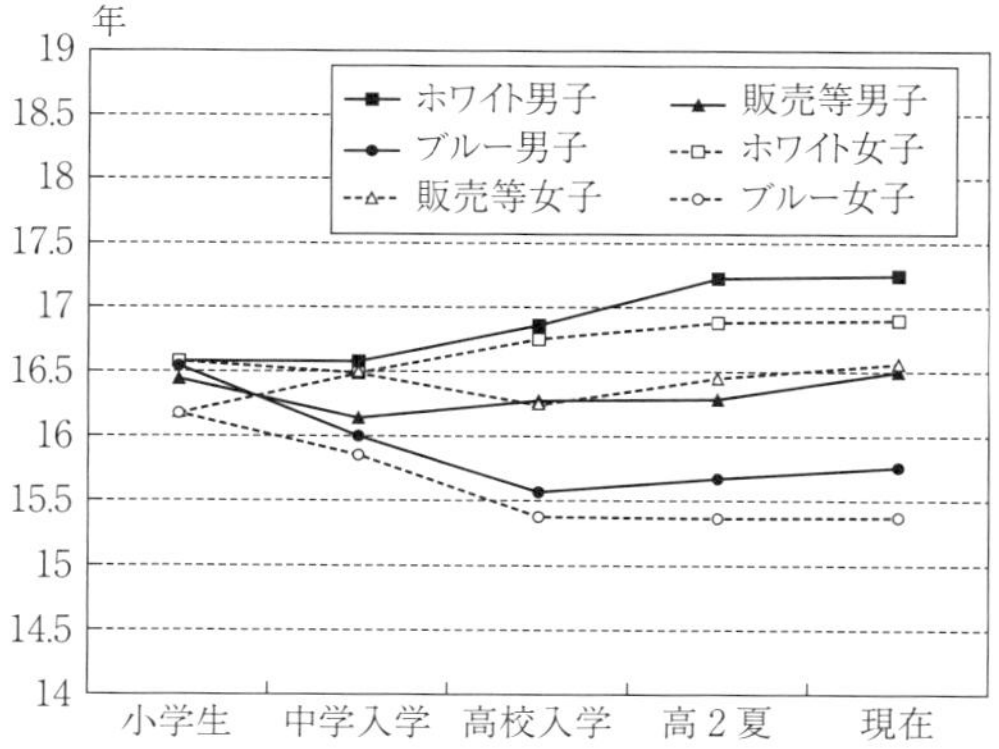

（出所）中村・藤田・有田編（2002), p. 83

図表４－３　父職別・性別・アスピレーションの変化（韓国・平均）

るのは明らかである。つまり、日本は同じグラフが平行移動したような図柄になっているのに対して、韓国は最初のポイントは高い位置に集中していてその後に差が開いていく扇のような形状を示しているのである。

ところで、社会学で通常説明されていた教育と選抜の近代的な展開は、次の天野の説明が代表的なものである。すなわち、

選抜と配分の機構が適切に機能していくためには、より多くの人々を競争に参加させるよう「加熱」する一方で、その人々の数を用意された地位や役割の数に合わせて、しかも、そのことに「うらみの感情《ルサンチマン》」を残さぬよう、適切な水準まで減らしていかなければならない。それを「冷却《クールアウト》」の過程と呼ぶことにすれば、産業社会の選抜と配分の機構は、この冷却と加熱の二つの相反する過程の微妙なバランスの上に成り立っているとみることができる。(天野 1982、一三三頁)

という理解である。しかし、図をご覧いただければわかるように、その説明は韓国においてよりよくあてはまる。というのは、早い段階でほとんどの人の進学意欲が高くなり、そ

の後に一部の人たちの進学意欲が冷まされていくプロセスは、韓国の側の図そのものだからである。逆に日本では、全員がいったん加熱され、その後に巧みに繰り返される選抜の中で徐々に一部のものが冷却されていくような図柄では*ない*。日本の場合は、実はかなり早い段階から進学希望の水準には階層差があり、その差が維持される形で全体の加熱が並行的に緩やかになされるというパターンだったのである。

ということは、日本を説明する際には、天野が提示したような、従来の典型的な近代化とメリトクラシーの選抜の説明は、必ずしも適切とはいえない。少なくとも、日本と韓国の違いを従来の理論的視点から整合的に説明することはできないということになる。

†ハイブリッドモダン

データ分析を行なってこのグラフを自分で初めて眺めたとき、理論的予想とはまったく異なる日本の図柄と、それと好対照で理論整合的な韓国の図柄に自分でも驚いたが、私には、何か日本で特殊なことが起こっているというよりは、近代社会の特質が個別社会に浸透していく過程で、厚東のいうところの土着化による変質を蒙り、その社会独特の「近代」を作り上げているのではないかと、直観的に感じていた。

厚東はモダンの変容について二つのパターンを概念的に区別することを提唱している。一つは、西欧で見られるようなモダンの内生的な自己展開によって生じる変容（厚東によれば「ポストモダン」）であり、もう一つは、モダンの異なったコンテクスト間での移転によって生み出される変容である。後者はモダンの空間的移動・伝播によって生じるものであり、前者と区別するために、厚東はこれを「ハイブリッドモダン」と名付け、グローバリゼーションもこうしたハイブリッド化の延長線上でとらえることを提案した（厚東 2006）。

つまり、日韓比較研究の結果を通じて私は、個別社会を理解するには、普遍性のなかの個別性を意識したハイブリッドモダンのような見方が有効であるように実感していたのである。そのときに措定される「普遍性」とは近代社会の一般的特質であり、「そのなかの個別性を考える」ということは、近代社会のバリエーションをいかに理解するのかということであった。「モダニティは移転に成功するためには土着文化とハイブリッド化せざるをえず、その過程のなかで独特の変容を蒙り、ハイブリッドモダンという姿をとることにより初めて定着することができるようになる」（同、一六五頁）というわけである。

しかし、私が若かった頃は、私の専門分野ではまだポストモダン思想の影響が強く残っていた。『〈子供〉の誕生』のアリエスや『監獄の誕生』のフーコーに見られるように、近代を歴史の到達点としてではなく、ほかでもありえたものとして相対化してみる社会史研究が注目されていた時代である。それらもまた近代理解に資するものであったわけだが、近代のバリエーションを理解するようなツールではないように個人的には感じていた。もっと近代の多様なあり方をとらえる枠組みはないのか。そんなときに手にしたのが、ギデンズの『近代とはいかなる時代か？』だったのである。

ギデンズの議論も決してそのまま近代の地域的バリエーションをとらえるような枠組みではない。しかし、それは明らかに近代社会の一般的特質を明確にしながら、その連続線上において時間的なバリエーションをとらえることができる枠組みであった。ポストモダンではなく、現代を後期近代ないし高度近代（ハイ・モダニティ）ととらえる枠組みは、少なくとも、現代を歴史の決定的転換点としてアプリオリに位置付けるような議論よりは、近代社会の延長線上にありながら現代社会の変容を理解できる枠組みとして、私にとってははるかに説得的でリアリティを感じる議論だったのである。

†再帰性とは

以上の個別的事情の話は、読者の方々には雑談のようにも見えるかもしれないが、①既存の近代化と教育選抜の理論を一歩前に進めること、②そのために現代を近代そのものではなく、またポストモダンでもなく、近代社会のバリエーションとしてとらえること、の二点において、後期近代論は自分の中ではかなりの必然性があったのである。

こうした事情も少し踏まえていただいたうえで、以下では、ギデンズの後期近代の理論に沿う形で、メリトクラシーの再帰性という考え方の基本的骨格を素描してみたい。

いうまでもなく、本書において特にギデンズの議論で参考にすべきなのは、再帰性に関する議論である。この再帰性に関しては、複数のギデンズ研究者がギデンズ社会学の核となる概念としてとらえており、私自身もそのように考えている。だから、メリトクラシーの自省的性質を再帰性として捉える論理を展開するためには、ギデンズの社会学は必ず参照しなければならない議論なのである。

ところで、これまで再帰性についてはとりたてて概念的な定義はあえて与えてこなかった。しかし、そこに消化不良感を持った方もおられたと思うので、その言葉の意味について少し補足して述べておきたい。

再帰性という言葉は、reflexivity の訳語としてほぼ定着しているが、多少なりとも日常用語に近い言葉に訳し直すと、「反省性」とか「内省性」などと言い換えることができるだろう。もっとかみくだいていえば、「自らのあり方や行ないを事後的に振り返って問い直す性質」である。この「振り返って問い直す」主体は、別に人格的なものでなくてもかまわない。つまり、システム・制度・国家といった集合的性質を持つものであってもよい。それらにも再帰性を想定することが可能だからだ。実際、ギデンズもまた「モダニティの再帰性」とか「制度的再帰性」というときには個人の行為の内省性に限定した意味では用いていない。

また、文法用語で reflexive verb（再帰動詞）というものがあるが、これは…self (selves) という再帰代名詞を伴って行為がその主語となるもの自身に及ぶような使い方をする動詞のことである（例えば、I hurt myself.「私はけがをした」というときの hurt）。この例から想像されるように、再帰性という言葉には、単なる「反省」ではなく自己言及的なニュアンスを含んでいる、という点がきわめて重要である。ベックのいう「再帰的近代化」が「自己内省的近代化」とも翻訳されているのは、その証左である。

ギデンズの場合、再帰性は構造化理論と後期近代論に共通するキーワードである。だからこそギデンズ社会学の中心概念と目されているのであるが、ほとんどの場合、構造化理論のコンテクストは無視する形で、後期近代論の再帰性ばかりが近年の議論では参照されてきた。しかし、再帰性という言葉の持つ豊かな含意は、実はギデンズが後期近代論を展開するまえに精力的に構築してきた構造化理論の発想を経由することで、より明確になる。さきほど少しふれたように、構造化理論においても再帰性は重要な位置づけを与えられているからである。つまり、人間の社会と行為の関係を理解するための一般理論である構造化理論では、特に近代社会とか伝統社会といった区別を用いることなく理論が展開されているため、ここで登場する再帰性は、モダニティの再帰性に限定されない広義の再帰性と理解することが可能なのである。したがって、簡単にいってしまえば、後期近代論における再帰性は、より一般的・普遍的な再帰性のメカニズムの時代的な特殊ケースとも考えられるのだ。

しかし、構造化理論はそのロジックも複雑で、またさまざまな概念や思想が関わっており手短に説明するのは困難な内容を持っている。本書でそれを展開するのは少々難儀なことでもあるので、ここではその概要の説明は省略し（一般的な構造化理論の解説は、多くの社会学テキストに書かれているのでそちらを参照してほしい）、ここでは本書の論旨に最小限必要な情報を提示しておくにとどめたい。

†行為の再帰的モニタリング

では その必要最小限の情報とは何か。それは、ギデンズが構想した『社会学の新しい方法規準』(1976＝1987)のベースとなる人間の基本的な行為の理解である。やや遠回りになるが、ここに社会学において再帰性に注目する基礎的意義が凝縮されているので、少しだけお付き合いいただきたい。

『社会学の新しい方法規準』は、サブタイトルに「理解社会学の共感的批判」とある。このことからはっきりわかることなのだが、ギデンズは、マックス・ウエーバーの理解社会学を土台としつつも、それに批判的再検討を加えて新しい社会学的な見方を提示しようとしている。理解社会学とは、「人間の社会的行為の「主観的意味」を理解し、それを歴史の因果系列のなかに組み込み、そしてそのことによって歴史の因果的理解を一層完全にしようとするもの」である(Weber 1913＝1968、訳者解説の一〇七頁より)。

もっとわかりやすくいえば、(生理的な行為や反射的な行為とは違い)他者に向けられた行為(＝社会的行為)には、行為した本人にとっての意味があるはずなので、その意味を理解するということを、行為をベースに社会を読み解こうとする社会学の基本的課題とした、ということである。まだこれでもイメージがわきにくいかと思うが、行為の意味を先験的に経済合理的行為（儲かるか儲からないか）に一元化した経済学や、それを心理現象として解釈する心理学との違いをイメージすると、多少はウエーバーが何をしたかったのかがわかるかもしれない。つまり、社会学の黎明期において、他の隣接諸学に解消されない社会学固有の分析課題を社会的行為の理解においた、ということである。

なお、主題の『社会学の新しい方法規準』のほうは、ウエーバーと並ぶ社会学の巨人デュルケムの『社会学的方法の規準』を明らかに意識している。デュルケムもまたウエーバー同様に、他の隣接諸学とは異なる社会学独自の集合的事実の解明を提唱している（Durkheim 1895＝1978）。この書のタイトルにはギデンズの気負いすら感じられるのである。

さて、話を理解社会学に戻すが、このウエーバーの理解社会学について、ギデンズは次のように述べる。

> 私は、行為の解釈と説明に関するウエーバーの立論のほとんどが、その後の方法の哲学における展開に照らして、すでに時代遅れのものになっているとみなす（Giddens 1976＝1987、二六頁）

ギデンズは、ウエーバーの「理解」には共感しつつも、行為の主観的意味の位置づけが十分ではないとみなしていた。具体的には次のようなことである。ウエーバーは行為者が自らの行為に対して主観的に意味を付与するととらえている。しかし、それは行為の解釈としては正しくないという。すなわち、「われわれは行為そのものに没頭しているのであるから、生きられつつある行為にわれわれが意味を「付与する」と考えるのは、誤り」であり、「体験にたいする意味の「付与」とは、行為者か他者がその行為を反照的（引用者注：原語ではreflexive）にみることを意味するのであって、過ぎ去ったおこないにのみ過去を振り返りながら適用していくことができる、そうした類のもの」なのである（同書、三三頁）。

ギデンズがしばしば引き合いに出す言語使用の例で考えよう。私たちは言葉を話すとき、ことさら意識して文法の構造どおりに話そうとすることはあまりない。しかし、私たちは言葉を話すという実践をすることによって、既存の文法構造を半意識的におおむねなぞることになるため（これをギデンズは「実践的意識」と呼ぶ）、その行為は結果的に既存の文法構造を強化し再生産することになる。このことは行為する主体にとっては意図せざる結果であり、事前に、あるいは行為の最中に意味を付与されているわけではまったくない。文法構造にしたがって話したかどうかということは、実践の最中には意識されず、それを意識した時点で振り返って事後的に判断がなされるのである。

この例のように、主体は自らの行為を事後的に振り返って意味付けるのが常態である。これをギデンズは「行為の再帰的モニタリング」と呼んだ。したがって、ウェーバーの理解社会学の乗り越えを企図する構造化理論の中で、行為の「意味」の解釈を転換しうる「行為の再帰的モニタリング」はきわめて枢要な位置を占めるのである。そして、この意味での再帰性は、近代社会の基盤を成すものであるけれども近代固有のものなのではなく、近代・前近代を問わず人間のあらゆる実践に付帯するプロセスの一般的性質を示しているのである（Giddens 1990＝1993、五三頁）。

†前近代社会と近代社会の違い

このように構造化理論における再帰性（行為の再帰的モニタリング）の位置づけを理解した場合、前近代社会と近代社会では、再帰性という観点から見て決定的な相違が生まれる。

ギデンズは、前近代社会を伝統社会と表現するが、それは、前近代社会では行為の意味付けには、再帰的モニタリングよりも、伝統が決定的な意味を持っていると考えるためである。ギデンズによれば、伝統は「『もっとも純粋』でもっとも単純な社会的再生産の様式」(Giddens 1979=1989、二二一頁)である。つまり、以前に行なわれたという知識や前提によって権威づけられ、踏襲される行為が、伝統による行為なのである。

例えば、年始に初詣にいくことを考えてみよう。初詣は、別に行かなくても具体的な不合理や不利益が生じるわけではないかもしれないが、「昔から日本社会ではそうしてきたのだ」という伝統の知識や慣習を共有することによって、「初詣に行くべきか否か」の激論を当事者たちがあえて毎年たたかわさずとも、多くの人たちによって繰り返し実践されている。現代においては、こうした伝統的行為が及ぶ範囲はかつてと比べて限定されていると考えられるけれども、伝統が支配する前近代社会においては、むしろこうした伝統的行為が要所要所で大きな役割を担っていたと考えることができる。したがって、そうした伝統社会では、行為の主体は自ら積極的に行為を再帰的モニタリングによって一つひとつ意味付けなくても「伝統だから」とすれば足りることが多かったわけである。

人間社会の原論的考察からすれば、再帰的モニタリングは行為に必然的に伴うというのが構造化理論の教えであるが、前近代社会においては、それがさほどフルに作動しなくてもよい状況があった。行為者は、行為の意味を説明し理解することを自ら引き受けなくとも、伝統がかなりの程度その役割を引き受けてくれていた、というわけである。ギデンズの言葉でいえば、「前近代の文明では、再帰性は、依然として伝統の再解釈と明確化だけにほぼ限定されて」いた（Giddens 1990＝1993、五四頁）。

しかし、近代社会ではそのような伝統の役割は後退し、行為の意味の問い直しを引き受けざるを得なくなった行為主体は、従来にも増して不安に晒されるようになる。従来は伝統的な慣習や価値観によって抑制されていた不安が近代社会ではむきだしになってくるのである。したがって、近代社会においてはこの不安（ギデンズはこれを「存在論的不安」とよぶ）への対処が自己にとっての重大な課題となる。その結果、自ら行為の意味を付与すべく再帰的モニタリングがこれまでとは比較にならないほど強力に作動することになるのである。

これが再帰性の観点から見た前近代と近代の違いであるが、これはメリトクラシーの議論にも容易に接続可能である。すなわち、行為の再帰的モニタリングが激しくなるのが近代社会であるならば、そもそもが近代的な現象であるメリトクラシーの普及・拡大にもまた再帰性は何らかの形で関連していると想定できるからである。この点は第5章で整理する予定だが、すでにお気づきの方もおられるかと思うので、予告的に簡単に確認だけしておこう。

メリトクラシーが関連する社会移動の開放性の文脈では、第3章で論じたように、伝統とは世襲的・血縁的な地位の継承原理であった。これがあれば、さしあたり、「なぜその人がある地位につくのか」ということは説明を必要としなかった。「伝統」だからである。しかし、そのロジックが通用しなくなった社会では、「なぜその人がある地位に就くのか」を理由づけることがその都度求められることになる。つまり、再帰的にモニターされるようになるのである。そこで有効な説明道具となるものが「能力」となるのでメリトクラシーが普及拡大していくのだが、実のところこれは容易に測れない性質のものであるがゆえに、地位配分原理の決定的な理由づけとはなりえない。そのため、能力をめぐる再帰的モニタリングが際限もなく続いていくことになる。これが、近代におけるメリトクラシーの再帰性の基本ロジックなのである。

†近代社会の特質

以上のように再帰性の基本的イメージと近代社会との関連を概略つかんでいただいたう

えで、今度はギデンズ自身が語る近代社会の特質をさらに詳述してみよう。

まずギデンズは、現在をポストモダンとしてではなく、モダニティの徹底化（radicalized modernity）ととらえる。先ほども述べたように、現代の社会（＝後期近代またはハイ・モダニティ）を近代との連続線上に位置づけた論陣を張るのである。そこには、思考の大前提として、前近代と近代との断絶を強調する考え方がある。ギデンズにとって、世界史上最も大きな転換は、前近代から近代への転換であって、近代とポスト近代の間にそれがあるわけではないことがポイントである。こうして、特にそれ以前の時代と隔絶するモダニティの決定的な特徴としてギデンズが挙げるのは、モダニティの極端なダイナミズムである。そのイメージを伝えるのは難しいのだけれども、経済学者の佐和隆光が翻訳したギデンズの著書『暴走する世界』（Giddens 1999＝2001）（原題：Runaway World）というタイトルにその雰囲気があらわれている。「暴走する世界」という比喩は直接的にはグローバリゼーションに伴う急激な社会変容を指すものであるが、グローバリゼーションはギデンズにとっては近代の延長線上にあるものだからである。また、それを持ち出さなくても、ギデンズ自身は近代のイメージをジャガノートという長距離トラックに例えている（Giddens 1990＝1993）。その意味は、ある程度は心地よく乗りこなすことができるが、完壁には操縦しきれないやっかいな超大型トラックのイメージである（図表4－4）。

つまり、近代社会とは、必ずしも人間が十分にコントロールできないようなダイナミックな変動（＝暴走する世界）をその特質としており、それは、人為的な伝統や慣習に依拠する形である種の定常性を維持しようとする力学が強く働く伝統社会（前近代社会）とは明確に区別されるべきものだ、というわけなのである。

では、その近代社会の極端なダイナミズムを引き起こす要因はなにか。彼は次の三点を指摘している。時間と空間の分離、脱埋め込みメカニズム、そして制度的再帰性である（Giddens 1990＝1993, 1991＝2005）。

© alamy stock photo

図表4－4　超大型長距離トラック、ジャガノート

†時間と空間の分離

前近代社会で典型的に見られる、対面的状況が支配的なローカルなコミュニティでは、「いつ」は「どこ」と切り離しては意味をなしえないものであった。わか

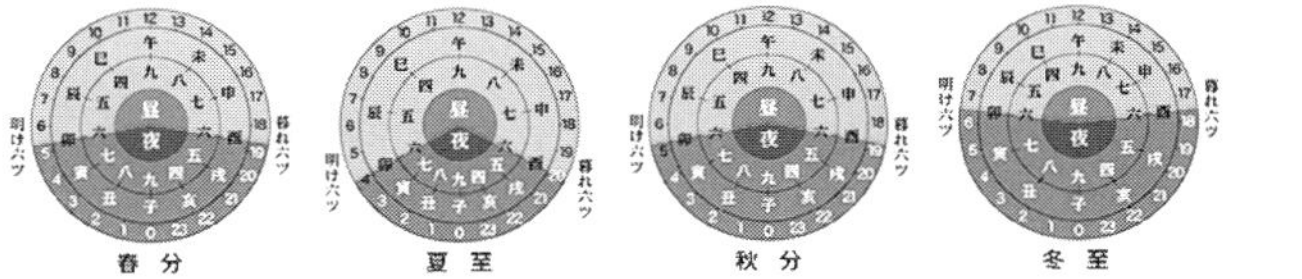

（出所）日本時計協会ホームページ（http://www.jcwa.or.jp/etc/wadokei.html）より

図表4－5　和時計の時刻表示方法

りやすい例でいえば、昼と夜が日の出・日の入りとともに定義されるために季節や地域によって時間間隔が変わる、不定時法の世界である。不定時法は、日本でも江戸時代までは一般的な時間の定め方だったとされ、不定時法に基づく時計（和時計）も作られていた（図表4－5）。実際の和時計の動きをテレビ番組でみて、その季節の日の長さに合わせて文字盤の「刻」の位置が微妙に移動していく精巧な作りに驚いたことがある。同時にそれは、日の長さの違う地域ではまったく異なる時刻を示す時計だという点で、現代人から見れば実に摩訶不思議な代物だった。しかし、かつてはそれこそがその土地独特の時の流れを表示するリアルな「時間」だったのであり、ローカルな文脈と離れた時間は存在しなかったのである。

おそらく農村においては、そのような精巧で高価な和時計さえなかったであろうから、もっと土地の特性に結びついた時間が生きられていたことは想像に難くない。村の林から聞こえる鳥のさえずりが朝の始まりであり、目の前の山のすそ野や海に日が沈むのが夜の始まりである、といったように、その場の空間的特性と連動した時間の感覚があったはずである。しかし、機械時計の普及や西暦に代表される暦の標準化によって、「場所にかかわらずどこでも」同じ時間が表示されることになった。したがって、こうした事態は、近代になって時間が空間と切り離された形で抽象的に存在するようになることを意味する。ギデンズはこれを「時間と空間の分離」と呼んだ。

†脱埋め込みのメカニズム

このように時間と空間が分離していくと、人間の相互行為そのものが特定のコンテクストに縛られなくなっていく。こうした時間と空間の分離という時代状況下で無限に広がった時空間に対応する形で、具体的な場所の特殊性から切り離された相互行為は、時間と空間のローカルな縛りを超越した、いわば抽象的な調整機構に依存する形で再構築されていく。このように、相互行為を時間的・空間的な特殊性から切り離して抽象的に再組織化するメカニズムをギデンズは「脱埋め込みのメカニズム」と呼び、それを支える機構を「抽象的システム」と呼んだ。繰り返しになるが、なぜ「抽象的」でなければならないのかといえば、それが個別具体的な条件に対応するシステムでは、当該のローカルな文脈にしか対応できないからである。

ところで、抽象的システムには二つの類型があるという。一つは象徴的通標であり、貨幣がその代表的事例とされる。もう一つが専門家システムである。さきほど述べたように、時間と空間の分離によってローカルなコンテクストから切り離された生活が駆動し始める近代社会にとって、抽象的なシステムへの依存は必然だった。実際、貨幣も科学的専門知識も、ローカルなコミュニティから切り離されて生きざるを得ない状況に我々がおかれた場合、特定の時空間に縛られない抽象的性質のゆえに逆によりどころとなるものである。つまり、貨幣は「時空間を括弧に入れ、それによって取り引きを個々の交換の場から切り離す手段になる」(Giddens 1990＝1993、三九頁)のである。そして専門家システムもまた、「象徴的通標と同じように、拡大した時空間の隅々にまで当然そうなるであろうとの期待を「保証」することで、脱埋め込みをおこなっていく」(同書、四四頁)のである。

貨幣や専門知識を信頼することにより、相互行為の時間的・空間的範囲はさらに拡張していくことになる。貨幣は、まったく非対面的な交換を可能にする。私たちは貨幣によってはるか遠方の野菜を買って食べることができる。また、私たちは専門知識を信頼することで、どの橋も安心して渡り、飛行機にも乗る。その知識内容を理解しているわけではないし、目の前でそれらが安全に十分配慮して作られたことを見ていたわけではないが、専門家がそれを作りチェックしたということを信頼し、それで相互行為の範囲を容易に広げることができているのである。

ここまで説明すると、勘の良い人はお気づきかと思うが、本書の文脈でこのような意味での「貨幣」に近い性質を持っているものがある。学歴である。学歴は単なる「学んだ経歴」ではない。学歴は、特定の企業や特定の職場といった個別具体的な場での職務遂行能力とは切り離された形での、抽象的な能力を示すインデックスとして機能する。そして、それによって社会システム上有利な位置に移動する際の元手ともなる。つまり、場所の特殊性に縛られない形で流通し、さまざまな資源に交換可能になるという点で、貨幣に似ている面がある。実際、アメリカの社会学者・コリンズは学歴のことをそのものズバリ「文化貨幣」と呼んでいるのである（Collins 1979＝1984）。

「専門家システム」も同様で、大学の医学部を出た医者であれば、その医者がどのようになにを勉強してきたのかを直接には知らなくても、私たちはその専門性を信頼し、医療を受けることができる。それによって、私たちはいつものかかりつけの町医者でなくても、必要とあらば住んでいる場所から離れた大学病院にも行くし、初めていく外国の医療機関にだってお世話になることができるのである。このような専門性の信頼を築くうえで高等教育システムは、重要な役割を果たす。そして、学歴はこのシステムの一部としても有効に機能することがしばしばある。

したがって学歴は――ギデンズ自身はまったく指摘していないけれども――「抽象的システム」を支える制度としてユニバーサルに広く普及したととらえることができるのである。もちろん、抽象的システムに該当する機構は、教育やメリトクラシーに関わるものの中にもいろいろ想定できるのであって、決して学歴だけではない。貨幣的に作用し、また一定の専門性のシグナルとなる機構は、資格や学力、成績、偏差値などいろいろあるだろう。

いずれにしても、本書で私が「抽象的能力」を強調してきたのも、実はここからきている。より一般化された、幅広いコンテクストを設定しなければならない近代社会において、「抽象的能力」の要請は必然なのである。

†制度的再帰性

制度的再帰性（institutional reflexivity）とは、ギデンズによれば「社会活動および自然との物質的関係の大半の側面が、新たな情報や知識に照らして継続的に修正を受けやすい」（Giddens 1991＝2005、二二頁）性質のことを指す。時間と空間が分離し、脱埋め込みのメカニズムによってさらに拡大した時空間のなかで生きることを余儀なくされる近代社会においては、抽象的システム、とりわけ専門家システムへの信頼によってなんとかかろうじて日常生活が回っていく。つまり、専門家システムから供給される知識そのものを次々に適用していくような生き方が常態となっていくのである。その結果、近代社会における我々のさまざまな活動は、常にそうした情報や知識による修正を受け続けるという意味で徹底した再帰性を示す。そして、このような修正は、自己アイデンティティも例外ではなくなる。このモダニティの再帰的性質は「自己の核心部にまで及ぶ」（Giddens 1991＝2005、三六頁）のである。

しかし、制度的再帰性という言葉によって示されるのは、専門的知識に代表される情報によって社会生活のあらゆる側面が修正にさらされるという、より近代社会に特徴的な性格である。ギデンズはこの点について、次のように述べている。

モダニティの再帰性とは、社会活動および自然との物質的関係の大半の側面が、新たな情報や知識に照らして継続的に修正を受けやすいことを意味している。このような情報や知識は近代的制度にたまたま付随しているものではなく、近代的制度そのものを構成してもいる。（Giddens 1991＝2005、二二頁）

これは、近代的な専門知識が近代社会の発展によってもたらされるとともに、その再帰性が制度的レベルでの社会変動をも引き起こす契機を含んでいること、そしてこうした変動そのものが近代社会の特徴を構成していることを意味している。

ギデンズは、例えば経済について「かりに社会のすべての成員がこうした概念（引用者注：資本・投資・市場・産業といった概念）や他のさまざまな概念に精通していくという事実がなかったならば、近代の経済活動は、おそらく今日のような姿を呈することはなかったであろう」と述べている（Giddens 1990＝1993、五八頁）。これは再帰性が資本主義の基本的な様相を生みだしていくといっているのに等しい。『モダニティと自己アイデンティティ』においてギデンズが明確化し始める「制度的再帰性」は、ミクロレベルの再帰性と表裏一体の現象でありながらも、概念的にはそれとは異なる、こうした制度的レベルでの再帰性の帰結があることを強調するために用いられたものと推察される。

同時に、この「制度的」という言い回しには、単に日常我々が用いる意味での「制度」を素直に表現しているわけではない微妙なニュアンスが含まれている。それはギデンズが、制度的再帰性の説明でしばしば「モダニティの再帰性」という言葉を使うことにも表れている。つまり、モダニティ全体を特徴づけるという意味で制度的と言っているようにも見えるのである。その意味で「徹底した再帰性」はそのイメージに重なる。徹底しているからこそ、一見信頼できそうな専門家システムから供給される、専門的な知識そのものも再帰的なまなざしにさらされている。したがって、抽象的システムによって得られる安心感は、究極的にはけっして安定的なものではないし、そもそも抽象的システムへの信頼は、そのシステムへの通暁によってもたらされるものではないという意味で「最小限の信仰を含んで」(Giddens 訳書 2005、二一頁) おり、それゆえに脆弱性を持つ。まさに、不安定な乗り物（ジャガノート）が進んでいく、そしてそれ自体が時代の特徴をなすような、そんなイメージなのである。

メリトクラシーの文脈に適用して考えてみるならば、メリトクラシーこそが教育選抜の文脈では近代的制度そのものである。だから、メリトクラシーを標榜する社会においては、抽象的システムに該当する学歴が貨幣ないし専門的知識を示すものとして提示される。しかしながら、抽象的システムそのものの内実（本当にその学歴を持った人はその地位に就く能力のある人なのか）を私たちはいちいち確認するわけではなく、また確認することは現実に容易ではない。したがって、そこには「学歴信仰」のようなものを含む形で、学歴を信頼してなんとか日常を回していることになる。しかしながら、上述のように、そのような抽象的システムそのものにも再帰的まなざしは向けられていく。だからこそ、私たちは学歴社会を批判し、入学者選抜や資格試験などの現状のエリート選抜の方式を批判することが日常的になるのである。第5章の議論を先取りすることになるが、後期近代ではさらにメリトクラシーの再帰性が高まっていくというのは、現実から見てもつじつまが合っていることがわかるだろう。

†メリトクラシーの再帰性の時代的変容

本章では、イギリスの社会学者アンソニー・ギデンズの理論をメリトクラシーの議論に応用する形で、

命題3　メリトクラシーは反省的に常に問い直され、批判される性質をはじめから持っている（メリトクラシーの再帰性）

という点について論じてきた。ギデンズの構造化理論に依拠するならば、行為の再帰的モニタリングは時代を問わず一般的に作動する。「能力」に関しても例外ではない。命題1および命題2において能力の測定不可能性および社会的構成性を認めるならば、能力はどの時代においても、どの社会においても、確定的に語ることは逆に難しいものとなる。だから、能力主義の体制は、常に疑念を向けられ、反省的に問い直される契機をそれ自体の内に含み込んでいる、と考えざるをえないのである。

しかし、メリトクラシーの再帰性は、常に安定的にあるわけではない。ギデンズの後期近代論を踏まえるならば、その作動状況は、時代的・社会的状況によって変わってくることも同時に論じることができる。つまり、これにより日本における長期的な教育選抜の趨勢が整理可能となる。

詳細は次の第5章で論じることになるが、伝統社会＝前近代社会におけるメリトクラシーの再帰性は、伝統的な地位形成秩序（世襲的秩序）によって、基本的には抑制されることになる。しかし、近代社会の前半においては、学歴を中心とする抽象的システムが作動することにより、メリトクラシーをいったんは学歴・資格・成績・試験といったものが暫定的にそれの代用品となる形になって、再帰性は一定の範囲に抑えられることになるのである。そして、高学歴化と情報化が進展して、ギデンズが指摘するようにあらゆる知識が修正を受けざるを得なくなる事態にいたっては、学歴主義や試験システムもまた厳しい再帰的まなざしを向けられるようになる。そして、能力をめぐる議論は、次々と批判的なまなざしを受け、修正を余儀なくされるようになっていく。これが、後期近代における再帰性の高まりの一現象としての、メリトクラシーの再帰性の高まりなのである。

次章ではこの点を再度確認したあとで、日本社会におけるメリトクラシーの再帰性現象に該当する諸現象を、できるだけ具体的に論じることで、残りの命題の論証作業を行なっていくことにしたい。

第5章

能力をめぐる社会の変容

†メリトクラシーの本質としての再帰性

前章までで明らかにしてきたように、メリトクラシーという近代的なシステムは、前近代的な世襲ないし血縁にもとづく伝統的な地位継承のシステムに代替するものとして登場したが、前近代的な選抜システムほど明確な基準を持てないものであった。なぜなら、社会全体で共通するような能力というものは、抽象的なものでしかありえず、また抽象的能力であればそれは容易には測定しがたいものでしかなかったからである。そして、具体的に世の中を回していくために、学歴や学校の成績、資格といったものを暫定的に「能力」の指標とみなして、それらの保有者を厚く待遇するシステムを構築してきたのが、近代社会の姿だったのである。その意味で、近代社会は、厳格な意味での能力主義社会ではなくむしろ暫定能力主義社会なのである。

しかしながら、それらが暫定的なものである以上、そこには「そうでなくてもよかった可能性」が常に内包されることになる。どのような能力指標も、振り返ってみて「本当に適切だったのか」と問い直される可能性を常に内在させている。すなわち、メリトクラシーには必然的に再帰的性質がある、というわけである。

ところで、第4章では、この再帰性の高まりという現象が、近代社会の一般的特質から導かれるものであることを、アンソニー・ギデンズの後期近代論を用いて論じてきた。すなわち、近代社会には①時間と空間の分離、②脱埋め込みのメカニズム、③制度的再帰性の高まり、という三つの性質がある。とりわけ脱埋め込みのメカニズムには学歴をはじめとする近代的な暫定能力主義を支える諸制度が対応するが、これらの制度に対しても再帰的なまなざしが向けられ、修正を余儀なくされていくとの理解が可能になる。

そして、私たちは後期近代論の文脈に引き付けてメリトクラシーの再帰性を理解することで、それが単なるメリトクラシーの一側面を示す概念なのではなく、前近代社会と近代社会、さらには近代の前半と現代（＝後期近代）の時代的変化を記述することにも応用可能なものであることを確認したつもりである。

†再帰性概念の三つの区分

この第5章では、これまでの議論をふまえて、戦後日本における教育選抜の在り様の変化を、このメリトクラシーの再帰性の観点から論じてみたい。そして、具体的な日本の状況に関する議論を進めるなかで、

命題4　後期近代ではメリトクラシーの再帰性はこれまで以上に高まる
命題5　現代社会における「新しい能力」をめぐる論議は、メリトクラシーの再帰性の高まりを示す現象である

という二つの命題を論証していきたい。なお、命題4に関しては、そのロジックはすでに第4章の最後に示してある。したがって、ここではそれが具体的にどういうことなのかを示すことが課題となる。そして、その具体的なメリトクラシーの再帰性現象の一つとして、命題5の「新しい能力」論議を位置づけたい。

基本的には時間軸に沿っていく形になる。しかし、すでにお気づきの方もおられるかと思うが、再帰性にはさまざまな意味があり、無限定に議論を始めては混乱してしまう。そこで大きく分けて以下の三つの再帰性を区別しておきたい。すなわち、一般的再帰性、自己再帰性、そして制度的再帰性である。そこで、章の冒頭にまずその整理を行なったうえで、戦後日本社会と教育選抜の関係を整理してみよう。

まず再帰性の第一の側面は、ギデンズが構造化理論のなかで展開した一般的な意味での再帰性である。これは行為の再帰的モニタリングを意味しており、時代を問わずどこにでもありうるものとして再帰性をとらえる枠組みである。これによって、前章最後で述べたように、前近代社会から近代社会への変化を、あるいは近代社会内部の社会変動を再帰性の観点から理解することが可能になる。なぜならば、変化を理解するには、共通の物差しが必要だからである。

第二の側面は、自己の再帰性である。これは後期近代においてミクロ（個人）のレベルに特に注目した時に見出される再帰性であり、それは自己アイデンティティの日常的な更新を余儀なくされる個人（再帰的プロジェクトとしての自己）の在り様を理解するうえで重要になる。メリトクラシーの文脈で重要になるのは、自分の能力に関してもアイデンティティは深く関わるということであり、能力アイデンティティと〈能力不安〉が重要なキーワードとなる。

第三の側面は、制度的再帰性である。これは後期近代においてマクロ（社会）のレベルに特に注目した時に見出される再帰性である。さきほども指摘した通り、ミクロとマクロの再帰性は、現象としては分離が難しい面があるが、概念的には区分けができる。そして、マクロレベルの再帰性は、社会システムの在り様そのものを記述しうる有効な武器になる。

メリトクラシーの再帰性を、制度的再帰性の観点からとらえるならば、そこにさまざまな選抜制度への批判的なまなざしを位置づけることが可能になる。一見専門的な手続きを経て生み出される学歴や資格に基づく選抜の機構が修正を受け続けることが、近代社会、特に後期近代では日常化することになる。

第一の意味での再帰性が一般的な再帰性であるとすれば、第二及び第三の意味での再帰性は、近代社会において特徴的な再帰性ということができる。本章では、後二者の近代社会における二つの再帰性を便宜的に分けて、戦後日本社会に関する具体的な議論に入っていきたいと思う。

†能力アイデンティティと〈能力不安〉

まず「自己」に関わる側面から考えてみよう。前章でも触れたように、ギデンズは近代社会以降、再帰性は自己の核心部にまで及ぶようになり、自己は再帰的プロジェクトとなる、と指摘する。すなわち、「変容する自己は個人的変化と社会的変化とを結びつける再帰的な過程の一部分として模索され構築される」（ギデンズ 1991＝2005、三六頁）のである。このような自己アイデンティティの変容に関わる再帰性を能力の問題に対応させて考えた場合、自己の能力に関わるアイデンティティには能力に関する自己概念を含みうるので、これを能力アイデンティティとよぶことができるだろう。能力アイデンティティという言葉自体は筆者の造語ではなく、岩田龍子の『学歴主義の発展構造』（1981）で使われているものである。学術用語としても十分定着していなかったが、個人的には再生を試みてよい便利なタームだと考えている。

この能力アイデンティティは、さまざまな情報や指標によって確立が試みられるのだが、再三論じているように、決定打となる情報は手に入らないため、つねに揺さぶりをかけられることになる。人々は、仕事や勉強に限らず、さまざまな場面で思い通りに事が運ばない場面に遭遇すると、しばしば「自分には能力がないんじゃないか」という問いを自らに発するようになる。これは人により、状況によって程度や質の差はあるが、おしなべて近代社会に生きる人々に共通する不安である。このような不安を〈能力不安〉と呼ぶことができる。

この〈能力不安〉については、別途議論を深める予定があるのでここでは概略にとどめるが、能力に対する不安自体はどの時代にもあるものなので、特に近代社会において再帰的に構成される能力アイデンティティに連動して生じる不安を、一般的・通時代的な能力不安と区別するために、カッコ付きで〈能力不安〉と書くようにしている。
自己をめぐるメリトクラシーの再帰性は、この能力アイデンティティと〈能力不安〉に連動して展開するものであることを、以下では日本社会における具体的な現象から考えてみよう。

†近代社会と能力アイデンティティ

近代社会になって能力が主題化してくると、私たちは自分の能力がどの程度のものなのかということについて、ほかの時代とは比べ物にならないほど強く関心を持つようになる。社会的にどのような能力が求められるかということを参照点としつつ、自分の能力についての認識を強く持つようになる。すなわち、これが能力アイデンティティである。

能力不安は、この能力アイデンティティのゆらぎによってもたらされるといえる。もちろん、さきほども述べたように、一般的な意味での能力不安は、能力の査定があるところではいつでもどこでも生じる現象である。ただし、それは前近代、前期近代、後期近代となるにしたがって、能力不安にさらされる人の数も頻度も劇的に増え、同時に質的にも重い性格のものになっていく。

前近代社会においては、能力主義的選抜があったとしても、基本的には身分制の枠に大きく縛られていた。例えば、江戸幕府の試験制度史を研究した橋本昭彦によれば、江戸幕府の試験制度は、あるにはあったが、試験の結果で表示される能力に基づいた地位の流動性をしっかりと担保するものではなかったという（橋本 1993）。これでは試験が能力アイデンティティを大きく揺さぶることはない。あるいは、前近代社会においてむしろ一般的だった農耕中心、世襲中心の農村社会を考えてもらえれば、能力不安があったとしても現代とはまったくその重みが違っていたであろうことは、容易に想像できるだろう。つまり、能力そのものの社会的重要度が相対的に低い前近代社会では、能力アイデンティティ自体がそもそも個人のなかで問題となる機会が少なく、したがって、能力不安も生じる機会は、まったくなかったわけではないにしても、相対的には少なかったと考えられるのである。

ところが近代社会になると、伝統的な身分によっては自分の社会的位置の正当性を主張できなくなる。そのため、人々は社会的に自分の能力を示す必要が生まれる。しかし、その確証は容易には得られない。したがって、能力アイデンティティは常に再帰的に問い直されるようになる。だからこそ、能力の問題は、まさに自己の再帰的プロジェクト（Giddens 1991＝2005）の議論と親和的なのである。

しかし、教育システムが十分に発展していない段階では、教育の経歴、すなわち学歴が、多くの人々にとって非常にわかりやすい能力指標となった。なぜなら、産業化が進展して会社組織に勤務するホワイトカラー的な職業が社会のなかで大きな位置を占めるようになり、知識そのものが産業の発展にとってキーとなる経済が支配的となった状況では、学校に入るための受験勉強で得た知識、あるいは学校に通うことによって得られる知識を持つこと、あるいはそのような知識を獲得できるスキル自体が、ある時期まではその人間の能力を表示する資源として、希少価値を持っていたからである。つまり、あえて極端な言い方をすれば、近代の前半においては学歴がエリート層の能力アイデンティティのかなりの部分を構成していたのである。大卒であることが自己の能力の証として示され、自分自身も大卒であることがエリートたりうる資格であると認識し、そこに自己を同一化させてきた。同時に、学歴を持たない者の視点からすると、必ずしもみんなが学歴コンシャスだったわけではない。むしろ学歴をさほど意識しない層も多かっただろう。しかし、そうした人たちも、自分たちの学歴との対比において希少な大卒者が恵まれた地位を獲得することに、ことさら異議申し立てを強くすることはなかったのである。その意味では、エリート層以外においても、各自の学歴に対応した能力アイデンティティが形成されていたともいえる。だから、いったん学歴社会が成立した後には、しばらくは能力アイデンティティは学歴によって安定的に供給されるような状態となっていたと考えられる。その結果、〈能力不安〉も、前近代社会に比べれば問題化しやすくなっていたものの、まだその拡がりの程度は、のちの時代と比べればかなり抑制されたものであった。しかし、それは近代社会の後半に入ると不安定なものとなってゆく。

†後期近代のメルクマールとしての情報化

では、近代社会の後半、すなわち後期近代とはいつから始まるのだろうか。後期近代とは、ギデンズ流にいえば、「近代の徹底（radicalized modernity）」した時代であるから、自己のあり方から社会システムに至るまで、あらゆるものがさまざまな情報によって日常的に修正されていく時代である。そうであるならば、物的に情報を伝えるという意味で、書籍や雑誌の大衆的な消費、ラジオやテレビの普及、コンピュータなどの情報機器の普及――総じていえば情報化――の進展は、その一つの有力な動因となるだろう。具体的に「いつから」ということは困難だが、少なくともそうした情報メディアが大衆化したあたり――戦後日本社会でいえば高度経済成長期あたり――から、後期近代らしい様相が次第に見られるようになっていったといえるだろう。

例えば、情報通信メディアが発達する前の段階では、都会でどのような生活があり、どのような経済事情であり、どのような出世ルートがあるのかということは、地方の人々にとってはほとんど主題化されなかった。しかし、いったんメディアによって都会の裕福さや地方との格差、都市の有利さなどの情報に触れる機会が増えると、自分たちの社会の中での位置づけや能力アイデンティティは揺さぶられるようになることも比例して増えていったであろう。村では豊かなほうだと思っていたが、雑誌やテレビで都会の暮らしぶりをみて、自分の社会的位置についての認識が揺さぶられる、そんなパターンである。

とりわけ、インターネットの普及は、さまざまな意味で再帰性を高める最大の要因だと、私自身は考えている。前章で私は、専門家システムも再帰性にさらされていると述べたが、例えば、私たちは医療のしろうとであるにもかかわらず、インターネットでいろいろ病気について調べて、一通りの知識を得ることが今日では容易にできるので、場合によっては大学病院の教授の判断でさえ批判できる気分になる（個人的には、そうした判断は妥当だとは思わないが、実際には批判をしたり、苦情を入れたりする人もいるだろう）。インターネットがなければ、それはとうてい考えられないことである。私たちはインターネットによって、容易に自分自身の知識や判断が妥当であるか否かを判断する材料を手にすることができる。そうしたインターネット情報が事実であるかどうかということは、極論すればここでは本質的なことではない。なぜなら、既存の情報に修正を加えることが可能なシステムが現代社会に厳然と張り巡らされている、ということこそが、後期近代における再帰性問題の本質だからだ。

†情報化と能力アイデンティティの揺らぎ

それは、能力の問題についても同じである。私たちは、自分たちの能力アイデンティティのよりどころとなるものがいかに不確かなものであるのかを、さまざまな情報の流通機構を通じて認識することになる。例えば、学校での成績がよいのですっかり良い気分になっていたが、全国模試を受けたら散々だった、といったような経験を考えてみよう。これは、ローカルな社会に生きているだけであれば揺らぐことのなかった能力アイデンティティが、全国模試という情報メディアによって相対化されてしまったということである。まさに脱埋め込み的な事例であり、能力アイデンティティはこうした脱埋め込みによって再帰的に再構成されざるを得なくなるのである。

同様のことが、マスメディアやインターネットの情報によっても容易に生じるのは、すぐに想像することができるだろう。自分の卒業した大学の格付けとそれに連動する自身の能力アイデンティティは、自分の在学時の教育体験にはほぼ根差しておらず、その大部分はメディアを通じた格付け（大学ランキングや評判）に依存している。だから、別のメディアが登場してしまうと、能力アイデンティティは容易に揺らぎをみせはじめる。

例えば、かつて大学格付けのランキングといえば、大学入学時の偏差値ランキングであった。人々は、これが能力アイデンティティの核になりうると薄々気づいていたからこそ、少しでも偏差値の高い大学・学部を目指すような動きが生じたわけである。これはまさに岩田（1981）が指摘していたところである。

しかしながら、昨今では国際的な大学ランキングがしばしば話題となる。ここにおいて、自分の母校がまったくのランキング圏外であることを知ってがっかりされた方々も多かったのではないか。また、日本のトップの大学でさえ、せいぜい数十位といったところであるのを見て、「自分たちは井の中の蛙だったのではないか」と〈能力不安〉がもたげてきた日本人も多かったにちがいない。このように、別の情報がもたらされれば、能力アイデンティティは揺さぶられ、〈能力不安〉が高まることになるのである。

もっとも、この手のランキングに癖があるということは、専門家筋ではよく議論がなされている。しかし、この国際大学ランキングは私たちの能力アイデンティティを揺さぶり、〈能力不安〉を高めるのに明らかに貢献（？）している。要するに、そのランキングの信ぴょう性はさほど問われない。それが権威ある機関や名の知れたメディアによって提供された情報である限り、それ自体が一つの専門家システムとして一般には信頼されており、私たちの日常を回していくのに機能してしまっているのである。私たちはこうした情報に接することがかつてに比べて格段に容易になっており、それはすなわちメリトクラシーの再帰性も作動しやすくなっているということである。こうしたメカニズムこそ、現代という時代を象徴する現象なのである。

†教育拡大と能力アイデンティティの揺らぎ

なお、ここまでは「物的に情報を伝える」ものとしてさまざまな情報メディアについて述べてきたが、実は「人的に情報を伝える」という意味で教育の普及、もっと具体的にいえば教育の大衆化ないし高学歴化もまた、社会全体での再帰性を高める大きな要素となるものなのである。

一般的にいえば、教育が普及することはメリトクラシーの再帰性を高めることにつながるといえる。さきほども述べたように、教育機会が十分に開かれていない時代においては、長く学校に通った人や高い学歴を得た人は、少なくとも知識のある（と推測できる）人たちであり、その人たちの持つ知識は、当該の教育を受けた人たちでなければその妥当性は判断できないものであった。高学歴者を暫定的に「能力アリ」とみなすことに対して、多くの人はそれに異を唱えることができるだけの知識と自信を欠いていた。それはすなわち、再帰性が働きにくい状況だった、ということである。だからこそ、近代の前半においては高学歴者を露骨に優遇することさえ可能であった。例えば、大正時代ぐらいまでの大卒初任給には、大学による格差が明確に存在していた（尾崎 1967）。つまり、初任給に露骨な大学別格差をつけてもやっていける企業がたくさんあったということは、それだけ大学名を能力のインデックスとすることに対して批判が少なかったということである。

ところが、教育全体が拡大し、また高等教育が大衆化してくると、より多くの人々が教育内容や上級学校での教育の実態を知るようになる。すると、「高学歴者＝能力アリ」とみなすシステム自体が、再帰的にとらえ直される機会が格段に増えていく。つまり、高学歴者を批判することが容易なのは、同じ程度以上の高学歴者なのである。「大学生は遊んではかりで勉強しない」とか、「大学の勉強など社会では役に立たない」などという議論を好んでするのは、実は大卒者であることが多いのである。高学歴化を再帰性の観点から読み直せば、そうした皮肉な意味が浮かび上がる。そのような（自己）批判の可能な層が厚くなっていくことによって、学歴を中心に回っていたメリトクラシーのシステムには、再帰的な問い直しのまなざしがより多く注がれるようになっていく。それは、大工の腕前をもっともよく理解できるのは大工であり、美容師の技術を一目で理解できるのは美容師自身だという理屈と同じである。だから、教育拡大・高学歴化は、メリトクラシーの再帰性を高めるきわめて重要な要素の一つなのである。

さて、教育拡大が進展すればするほど、大卒が大卒を否定するような社会が生まれてくる。まさにこの点でメリトクラシーの再帰性の理論とぴたりと符合する歴史的な指摘がある。すなわち、いわゆる学歴社会批判は、一九六〇年代あたりから日本で目立つようになったといわれているのである（苅谷 1995、竹内 2008）。一九六〇年代といえば、高等教育発展段階説を唱えたマーチン・トロウのエリート／マス／ユニバーサルの区分でいえば（Trow 1973＝1976）、高等教育がマス（大衆化）段階に突入した時期とほぼ一致している。それはすなわち、前期近代において支配的だった学歴ベースのメリトクラシーに対して、教育拡大を契機として再帰的なまなざしが頻繁に向けられるようになっていったことを示唆している。

こうして、学歴の神秘性が引き剝がされる条件が整ったがために、人々は学歴ではない何物かを求めるような議論を大衆的規模で行なうようになっていったと考えられる。第1章で、「ガリ勉」なる言葉が一九六〇年代に定着していた可能性を指摘したが、そうであるならば、「勉強だけでは駄目だ」という価値観の大衆的な合意は、教育拡大と連動して成立したと推測できるのである。

しかし、残念ながら学歴と同じ程度に信頼を獲得できる能力指標は、現時点でもまだ見つかっていない。だから、私たちは学歴主義批判や受験学力批判をやめないが、かといって学歴主義や学力信仰を捨てきれずにいる。その一方で、個々人の立場に立ってみれば、学歴のみによって自分の能力を確証しうる感覚がかなり失われてきた。能力アイデンティティのゆらぎがきわめて顕著なものとなってきたのである。ここにおいて、〈能力不安〉は高学歴者を含む相当数の人々にとって日常的なものとなっていった。濱中淳子は、現代における学歴への批判的まなざしに注目して現代日本を「学歴不信社会」と的確に表現しているが（濱中 2013）、ここでの議論に引き付けていえば、そうした不信は後期近代的な再帰性現象の一つととらえることができるのである。

†受験産業の台頭と通塾現象

こうした〈能力不安〉に対して、私たちは日常的に向き合っていくことを余儀なくされる。そのため、そのような不安への対処が現代的課題となる。ギデンズは、こうした不安への対処の、やや病的な一つのあり方として、嗜癖（addiction）を取り上げている。嗜癖とは、特定の行動を特に好んで繰り返す傾向をもつことであり、わかりやすい例でいえば、たばこや酒などへの依存傾向を挙げることができる。これらを思い浮かべてもらえればわかるように、同じパターンの行動の繰り返しは、単調ではあるが「同じ状態であり続けられる」ことを容易に確認できるという意味で、心理的に安定になる。すなわち、嗜癖は、一種の不安解消の一つのあり方なのである。

こうした観点から、〈能力不安〉を根本的に解消するわけではないけれども、一時的には能力アイデンティティを安定化させることが可能な行動の一つとして、通塾現象を挙げることができるだろう。高校受験が普遍化し、大学進学が大衆化することに連動して、学校での成績は能力アイデンティティと深くかかわるようになった。そこでは勉強に不安のある多くの生徒たちを生み出したが、そうした生徒たちあるいはその親たちにとって、塾に行くことは――それが実際の成績向上に対してプラスに働くとは限らないものであったとしても――「学校に通っているだけではだめかもしれない」という人々の心理状態に対応する形で、不安を一定程度抑制する効果があった、と考えられるのである。

実際、文部科学省が調査機関に委託して平成一九年に実施した「子どもの学校外での学習活動に関する実態調査」の結果によれば、塾通いが「過熱化している」と考える保護者の66・5%が、過熱化の背景・要因として「学校だけでの学習に対する不安」があると回答しており、さまざまな要因として調査で用意された項目の中でもっとも多くなっている（図表5-1）。

その結果、通塾は、戦後日本において劇的に拡大した。通塾率の長期的趨勢を確認できるデータはあまりないが、二〇一五年時点で二〇歳から八〇歳までの幅広い年齢層に対して小中学生時代の学校外教育経験を尋ねた社会調査がある。二〇一五年SSM調査（社会階層と社会移動に関する全国調査）データである。このデータをシンプルに世代ごとに集計してみると、非常に明確な学校外教育経験率の拡大傾向が読み取れる（図表5-2）。「経験なし」は、三つの種類の学校外教育を経験していない人の比率を表しているが、七〇代

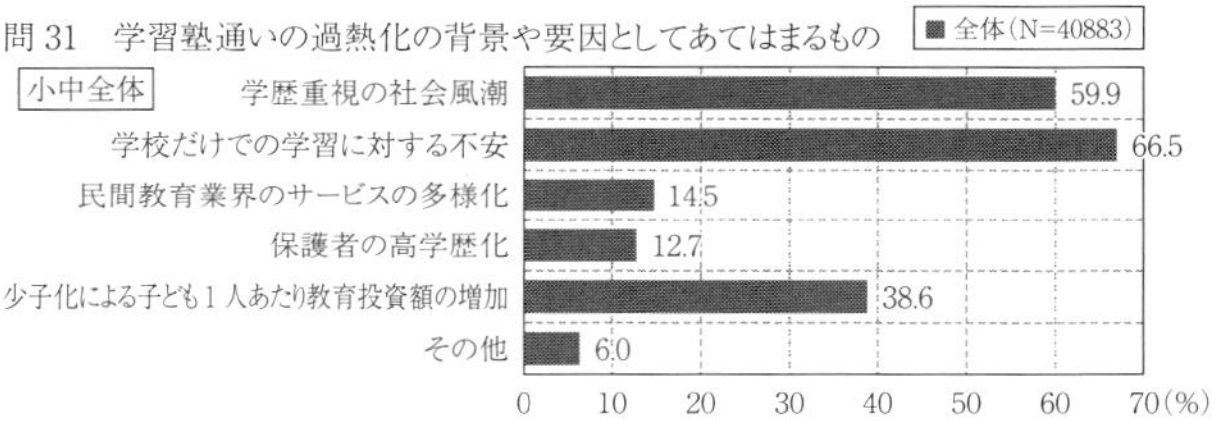

（出所）文部科学省『子どもの学校外での学習活動に関する実態調査報告』（平成20年8月）より

図表5－1　学習塾通いの過熱化の背景・要因

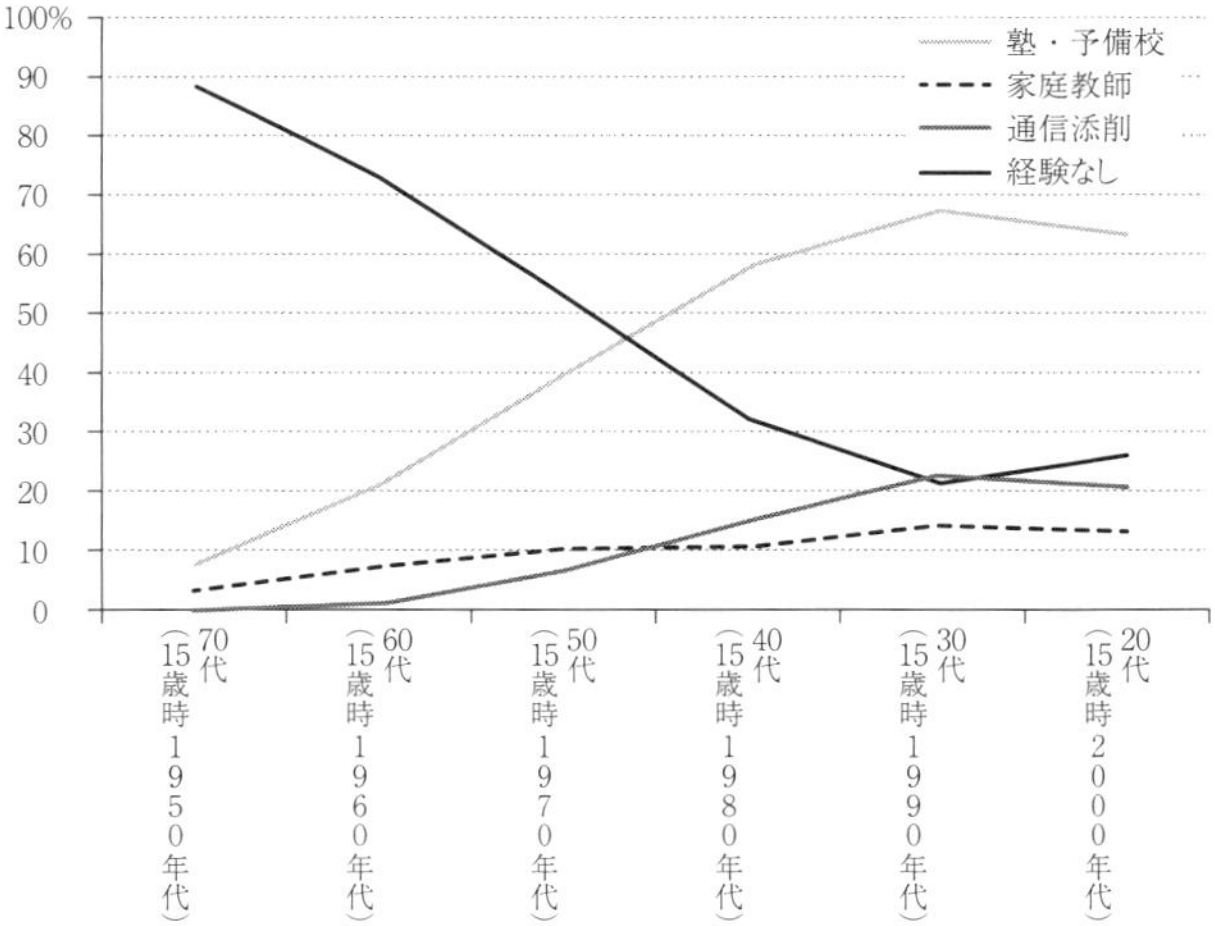

（出所）2015年SSM調査データより筆者作成

図表5－2　世代別の学校外教育経験者率

ではほぼ九割が未経験だったものが、最近では2〜3割に激減している。この学校外教育の拡大傾向は、最若年層では伸びが見られなくなっているものの、おおむね戦後の大学進学率の拡大傾向と歩調を合わせる形で進行してきた。教育が拡大するとともに、学校の勉強だけでは足りないかもしれないという〈能力不安〉も大衆化し、通塾の一般化をもたらしたのである（なお、本データ使用にあたっては二〇一五年SSM調査データ管理委員会の許可を得た）。

図表5-2のデータは、小中学生のころの経験を尋ねたものであるため、概ね中学・高校受験に関わる通塾状況を反映していると考えられるが、こうした不安解消が必要なのは中学・高校受験の局面だけではない。大学進学をめぐっても、さきほど学歴社会批判が広まったとされる一九六〇年代は、予備校が大衆的規模で拡大した時代でもあった。とりわけ第一次ベビーブーム世代が高校卒業期を迎える一九六〇年代半ばは、急拡大期であった。一例であるが、当時模擬試験事業を行なっていた福武書店（現ベネッセ）の社史を見てみると、ある模試の受注部数が一九六〇年代半ばで倍増していることがわかる（図表5-3）。「浪人」の増加は社会的にもすでに一九五〇年代から問題視されていたが、この福武書店の模試の急拡大の例からも想像されるように、一九六〇年代半ばは、大学進学が大衆化段

階に突入し、さらに〈能力不安〉を抱えた層が拡大して予備校になだれ込んだことにより、予備校の急成長をもたらしたのだといえるだろう。

学校外教育の拡大とは、進学率の上昇にともなう〈能力不安〉の拡大によってもたらされた、大衆的規模での嗜癖だった。言い換えれば、通塾・予備校の拡大は、後期近代に入って教育の大衆化の時代を迎えた社会におけるメリトクラシーの再帰性の高まりを示す一つの象徴的現象とみることができるのである。

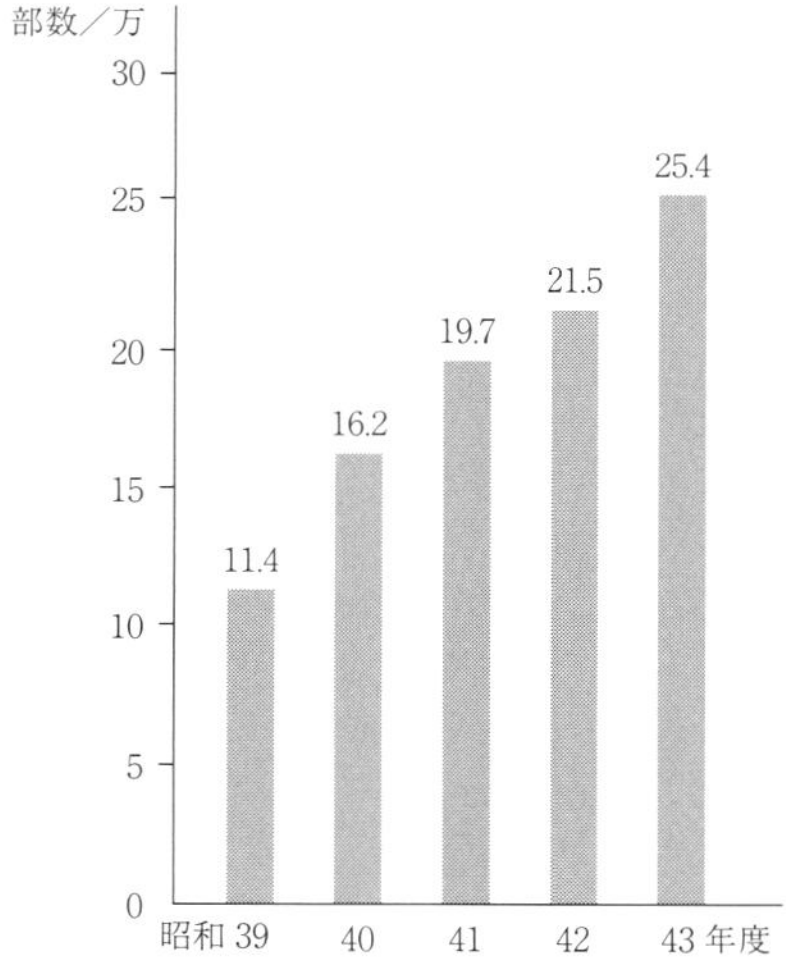

（出所）福武書店（1987), p. 58

図表 5－3 「関西模試」受注部数

†不安解消装置としての偏差値

戦後日本における教育選抜をめぐる議論においてしばしば注目を集めてきたものの一つとして、偏差値がある。実はこの偏差値も、その登場は一九六〇年代である。これも能力をめぐる自己再帰性の装置としてとらえると、いろいろとつじつまがあう現象である。

受験競争に組み込まれていく層が拡大することによって〈能力不安〉を抱えた人々も拡大し、自らの学力の相対的位置をその都度確認しては能力アイデンティティを再構築することが日常となる。こうした後期近代における〈能力不安〉の拡大と能力アイデンティティの模索のニーズに、偏差値は見事にマッチして登場・普及したのである。

評論家の小浜逸郎は、このあたりの偏差値の事情を端的に整理してくれている。

大衆教育社会の出現にともなって、偏差値が大きな意味を持ってきたのです。莫大な数にふくれ上がった受験生の学力格差は、当然ピンからキリまで拡がります。すると、みんなが、自分はどこの高校や大学に行けるのだろうかという不安を共有することになります。高学歴を持つことが大衆化すると同時に、不安もまた大衆化するわけですね（小浜 2003、二二九頁）

さきほど後期近代の特質として、情報化を挙げ、さらに物的な情報伝達手段の普及として情報通信技術の発達を、人的な情報伝達手段の拡大として高学歴化を指摘したが、偏差値はこの両方に深く関わるという点で後期近代的な現象である。高学歴化についてはすでに述べたとおりだが、IT技術の発達との関連については、大手予備校が六〇年代半ばに相次いで大型コンピュータの導入に踏み切ったことと深く関わりがある。

いうまでもなく、模擬試験が大衆化し、偏差値の計算も手動では対応できない作業量に達していた。同時に、受験産業もコンピュータを導入できる技術的・社会的状況が生じていたのである。

具体的には、駿台予備学校では一九六五年にコンピュータが導入され（駿河台学園七十年史編纂委員会編 1988）、代々木ゼミナールでは一九六六年に導入（木村 1999）、河合塾の場合は、外注でのコンピュータ処理を開始したのが一九六六年で、自前のコンピュータ導入が一九六九年であった（河合塾五十年史編纂委員会編 1985）。さきほど言及した福武書店では全学年の模擬試験の得点集計をコンピュータ化したのが、一九六七年であった（福武書店 1987）。このように、大手受験産業がコンピュータを導入したのはほぼ一九六〇年代半ばあたりで一致している。

こうして、模擬試験受験者には迅速に個人別偏差値が知らされる体制が整うことになった。このことは、二つの点で能力アイデンティティをめぐる自己再帰性を作動しやすくする条件が整備されたことを意味した。第一に、受験に直面する生徒や保護者に対して、自分ないし自分の子どもの能力を、学校というローカルな評価を超えた広い土俵で位置づけなおすことが可能となり、また繰り返し模試の成績表を受け取るたびごとに能力アイデンティティを構築し直すプロセスが確立されたということである。これにより、無謀な高望みをして失敗するような〈不安〉は、一定程度抑制されることにもなった。第二に、一九六〇年代に定着した偏差値による学校・大学ランキングの情報がしばしば更新されながら広く流通することにより、その学校ないし大学の在学者・卒業者の能力アイデンティティを揺さぶるような再帰的メカニズムを促進するようになったということである。

つまり、偏差値は、メリトクラシーの再帰性の視点から言えば、選抜が大衆化したときに、〈能力不安〉も大衆化するため、そうした不安を抱える多くの生徒たちに自己能力への再帰的モニタリングを強力に手助けする情報提供のツールとして、導入され普及したと考えることができるのである。偏差値算出の基礎にある統計学はまさに専門家システムによる知識であり、それに基づいた進路選択はギデンズのいうリスク選別分析(「様々な試みや出来事の間の確率比を認識するという方法」〔Giddens 1991＝2005、一四七頁〕)そのものである。しかし、偏差値に依存した能力アイデンティティが脆弱なものであるのは、リスク選別分析に依存した自己アイデンティティが脆弱であるのと相同である。なぜなら、次の模擬試験で数値が動けば、能力アイデンティティも簡単にぐらついてしまうものだからである。その意味では、偏差値も、通塾と同様に、それを求めずにはいられなくなりながらも、能力アイデンティティと〈能力不安〉を恒久的に安定化させるものではないという意味で嗜癖的である。戦後教育をめぐる議論において、これらの現象が病的とみなされてきたのも、決して根拠のないことではないのである。

†学歴・受験競争批判が引き起こす制度修正

以上が、自己再帰性の観点から見た戦後日本のメリトクラシーの再帰性現象であり、その再帰性は情報化と教育拡大を契機とする後期近代において高まってきたがゆえに、生まれてきたものであることを論じてきた。では、制度的再帰性に関してはどのような現象が戦後日本において観察できただろうか。一見専門的な手続きを経て生み出される学歴や資格に基づく選抜の機構が修正を受け続けることが、近代社会、特に後期近代では日常化することになる。こうした制度的再帰性現象をいくつか例示してみよう。

先ほど述べた通り、既存の学歴を中心とする地位配分への問い直しという点では、学歴社会批判がわかりやすい再帰性現象である。それに加えて、戦後日本においては、その学歴を獲得する過程で激しい競争が行なわれることやその競争のやり方への批判も、やはり同類の再帰性を示す現象といえるだろう。こうした批判言説自体を取り上げて検討することも重要だが、ここではそれらが現代につながるメリトクラシーの仕組みの変容、すなわち選抜システムの変容に関わって筆者が重要だと考えるケースを三つほど取り上げたい。

一つは、高校入試における調査書重視選抜への転換である。今日の高校受験において調査書が大きな重みをもっていることは周知のことである。この調査書重視への政策転換が一九六六年だったといわれている。二つ目は、大学入試における推薦入学の政策的公認である。これも近年の大学入試においては無視できない大きな比重を占める選抜方法であるが、これも公認されたのは一九六七年である。そして、三つ目は、雇用市場に目を転じて、大卒就職における大学推薦制（または指定校制）の衰退を取り上げる。これも一九六〇〜七〇年代前半ぐらいまでに生じたといわれている。そしてこれもまた、現代の大卒労働市場の基本的なスタイルを形作るものである。これらが、学歴や受験競争への再帰的まなざしによって修正されてきた事実をもって、戦後日本におけるメリトクラシーの制度的再帰性の高まりを読み取っていくことにしたい。

†高校入試における調査書重視への転換

入試論議ということになると、いまだに「一発勝負の試験の弊害」などが議論になることがあるが、こと高校入試に関しては、それは違う。ほとんどの公立高校の一般入試には内申書（調査書）の成績が加味されることになっているし、推薦入試や特色入試では内申点が大きな役割をはたしていたりするからである。

調査書を利用する選抜方式は、実は、制度的にはかなり古くから存在していた。戦前の旧制中学校の入試にも導入が試みられていたし、また戦後すぐの時期の文部省（現在の文部科学省）の通達でも、公立高等学校の入学者選抜においては学力検査と内申書の学習成績を同等に扱うように指示されていた。しかしながら、実態としては必ずしもその趣旨が貫徹されてはいなかったようである。実情は地域や学校によってかなりばらつきがあったものと思われるが、ある中学校教師が新聞へのコメントで「中学の先生が三年間黙々と指導してきた成果である調査書（内申書）が、わずか一日か二日のテストのためにほとんど軽視されてしまっている」（毎日新聞朝刊、一九六六年四月一七日付）と述べているのを見れば、おおよそ当時の雰囲気は感じ取れるだろう。

風向きが変わり始めるのは、やはり一九六〇年代である。経済的にも進学の余裕ができはじめる世帯も増えてきたこの時期に、高校進学率は上昇した。しかし、これはただの上昇ではなかった。その比率計算の分母となる中学校卒業者数も激増するからである。ベビーブーム世代の到来である。もともと人数が多い世代が進学する時期に、社会全体の進学の機運も高まったわけであるから、高校進学希望者の絶対数は、その比率の上昇以上に激増した。政府は高校生急増問題を政策課題として議論し、一方で政策を批判するサイドからは、進学希望者全員の高校入学を目指す高校全入運動が立ち上がった。「高校全員入学問題全国協議会」ができたのは一九六二年のことである。

このような状況で、どのような問題が生じることが懸念されるだろうか。すでにお気づきの方もおられるかと思うが、進学希望者が急増するのにその受け皿が十分ではない状態なのであるから、当然「競争激化」が懸念されることになったのである。従来からあったいわゆる受験競争批判が、一部のエリート層に限定された問題としてではなく、多数の中学生を巻き込むものとして説得的に展開されたのである。これはまさしく、後期近代的な教育拡大を背景とした、旧来の選抜方式（筆記試験重視）への再帰的な問い直しだった。

東京都の教育長は「入試準備教育の是正について」なる通達を一九六五年に出し、そうした批判を受ける形で、文部省は次のような通知を出すことになる。

選抜にあたっては、調査書をじゅうぶん尊重することとし、調査書の信頼性と客観性を高めるため、記載内容および取り扱い等については、各都道府県において、じゅうぶん研究して適切に定めるものとする（文部省「公立高等学校の入学者選抜について」一九六六年）

今日に至る内申書重視の高校入試は、こうして一九六〇年代に、入試競争批判という再帰的まなざしによって受けた修正に方向付けられた。そして、そのような再帰的まなざしはくりかえしその後も高校入試制度に向けられてきた。

後期近代における改革には、実質的な進歩や改善が伴わなくても、制度的再帰性が働くことで回っていってしまう面がある。内申書重視の選抜制度も同様で、競争緩和という点では一見よさそうだが、中学生の日常生活全体を評価対象にしてしまうという強い副作用がある制度でもある。現実に内申書裁判をはじめ数々の、およそ教育的とは言い難いような問題が多数指摘されてきた。しかし、拡大した教育システムの前では「受験競争批判」

「ペーパーテスト批判」も依然として強力に作動するため、基本的な性格はほぼそのまま維持されて今日にいたっており、現代の中学生を大きく縛るものとなっているのである。

†大学入試における推薦入学制度の公認

高校入試段階でベビーブーム世代がおとずれたのは、おおよそ一九六三年前後だといわれている。そうだとすれば、およその三年後には、大学入試段階にもその波は押し寄せたはずである。また、進学率も同じように上昇傾向であるから、一九六〇年代半ばは、高校入試段階と同様の再帰性が作動する条件は整いすぎるほど整っていた。だから、このころの多くの教育政策は試験地獄や受験競争への批判にさらされ、実際に制度改変につながるものもあった。その典型例が大学入学者選抜における推薦入学制度の公認であった。

もちろん、高等教育段階に限定しても、推薦入学制度と同等の制度は戦前から存在していた。例えば、旧制第一高等学校は現代の東京大学の前身であり、その入学試験のためにたいへんな競争があったといわれているが、実は明治期には「無試験検定」なる推薦制度があり、明治四三年にはこの制度を使って、作家の芥川龍之介や久米正雄が第一高等学校に入学したといわれている（秦 2003）。『受験生の手記』の作者の久米正雄が通常の受験ではなかったのは興味深いエピソードだが、いずれにしても古くから制度自体は類似のものが存在していた。しかし、この旧制第一高等学校の無試験検定は大正二年には廃止され、さまざまな類似の制度も戦後まで受け継がれることはなかった。

戦後においても、理念としては高校入試と同様に大学入試でも調査書を活用した総合的な判定が推奨されていたが、一九六〇年ごろまでの大学入学者選抜制度を整理した増田らの研究によれば、実際には「学力検査中心の選抜が行なわれており、調査書は参考程度として利用されている場合が多く、学力検査と同等に扱っている場合はほとんどない」という状況であった（増田・徳山・斎藤 1961）。私自身が見たところでも、大学の推薦入学は、この政策的公認以前にはごく一部の私立大学で細々と行なわれていただけで、大学入試と言えば筆記試験というのが相場であった。

この入試＝一発勝負の筆記試験というイメージは、戦後日本社会に根強く残っていて、現在でもこの調子で語る有識者（まがいの人も含めて）が意外に多い。しかし、この筆記試験を中心とする入試システムへの再帰的問い直しは、実際には五〇年前から何度も繰り返し続けられているということは覚えておいてよい事実である。

では、一九六〇年代になぜ、これまでほとんど定着していなかった推薦入学が公認されることになったのだろうか。その社会的・政治的プロセスについてはすでに拙著（中村2011）で明らかにしているので、詳細はそちらに譲りたいが、その構造的背景についてだけ述べるならば、ここには人口動態の変化と進学率の上昇、すなわち高校の調査書重視政策と同根の圧力が加わっていたことが明らかなのである。

人口動態とは、高校卒業者の急増である。一九六〇年代半ばの一八歳人口は、昭和三九年の一四〇万人から昭和四一年には二四九万人となり、それと歩調を合わせる形で、高等学校卒業者数もわずか二年の間に八七万人から一五六万人へと倍増する時期だったのである。同様に、さきほど示した通り、進学率も急激に上昇しつつある状況であった。したがって、試験地獄緩和策が、具体的にこの大学入試の局面において強く求められることになったのである。実際、当時の文部省の「大学入学者選抜方法の改善に関する会議」の委員だった永原慶二は「入試制度改善の気運の高まりは、戦後ベビーブームの影響、大学進学率の向上などにより、いわゆる試験地獄が深刻化し、入試制度問題が社会問題化したところに始まった」と指摘している（永原 1968、四三頁）。そして、新聞等のメディアも、推薦入学制度の公認を肯定的にとらえる論調で報道していったのである。

こうして、それまではひっそりと私立大学の一部でしか行なわれていなかった推薦入学は、当時の文部省がお墨付きを与え、試験地獄を緩和する制度として肯定的な意味が付与された。これは、従来の学力による一斉筆記試験を問い直す制度的再帰性が、教育拡大圧力を伴う後期近代的局面において、高まってきたことを示す一つの重要な事例といえる。なぜならば、推薦入学制度はその後堅調に拡大し、今日においては、その一亜種ともいえるAO入試と合わせておおむね大学入学者の四割、私立大学のみに限定すればおよそ半分の学生が入学する重要ルートとなっているからである。その時代的・社会的意味は大きいといわざるをえない。

しかし、後期近代は、こうして導入・定着した教育大衆化時代向けの選抜方法さえもまた再帰的問い直しの対象に組み込んでいく。それは、さきほども指摘したように、必ずしも問題の本質を改善するとは限らなくても進行していくのだ。推薦入学やAO入試が受験競争の根本的解決をしなかったのと同じように。かくして、受験競争批判は現代の入試改革のロジックにも安易に使われていくのである。

†学歴による会社身分制の変化

三番目の事例では、労働市場における学歴の問題に目を転じてみたい。前期近代の再帰性抑制に学歴が効果を持つのであれば、学歴そのものへの再帰的まなざしが後期近代において生じてくることも示しておくのが筋だ、と思われるからである。

この学歴の問題を、制度的再帰性の視点からとらえ直すとすれば、それは特定の学歴保有者を厚く待遇するシステムがさまざまな情報によって修正を余儀なくされ、露骨な厚遇が抑制されるような制度的状況をフォローしてみればよい。

さきほども指摘したように、戦前には大学別初任給も受け入れられていた時代があったが、事実、戦前の主として大企業における労務管理では、学歴によって身分が異なる「会社身分制」とも呼ばれる方式がしばしば採用されていた。

経営史や労務管理史ではすでに指摘されてきたことであるが、企業の学歴身分制について詳細に論じている野村の研究から、ここでは大まかな情報を整理しておこう（野村2007）。日本の大企業では、学歴は企業内の経営身分秩序を維持する装置として、フォーマルに位置づけられていた。同時に、それは同じ大卒の中でもどの大学の出身かによって、初任給だけでなく昇進スピードも異なる、学校歴主義も含んでいた。こうした学歴による企業身分秩序は、戦後の経営民主化の時期を経た後においても異なる形で一定の継続がなされたとされる。具体的には、戦前は高等教育卒→社員、中等教育卒→準社員、初等教育卒→工員・組夫という対応関係だったものが、戦後は大卒→幹部社員、高卒→事務員・技術員、中卒→技能員・臨時工・社外工といった具合に、新制学歴に対応する形で受け継がれた。しかしながら、進学率の上昇がこうした身分制に変化を促すようになった。一九六〇年代に高卒者の割合が拡大するにしたがって、高卒者はブルーカラー（技能員など）としても採用されるようになり、学歴と企業身分の一対一対応にはなりにくくなると同時に、同じ高卒の者でも職員と工員が多数いる状況下では賃金の処遇にも平等化の圧力が働き、ブルーカラーとホワイトカラーの賃金制度の統一も実現した、とされている（二村 1994）。つまり、学歴による企業身分制＝学歴による露骨な処遇差のシステムは、教育拡大に連動して少なくともフォーマルな形では一九六〇年代に相当の修正が迫られたということになる。これは、本書のここまでの議論と整合する歴史的事実である。

†指定校制の廃止

同じ大卒同士のなかでの違い、すなわち学校歴の問題も、戦前のような露骨な大学別賃金格差を維持する大企業は、一九五〇年代にはほとんどなくなったとされるが、それは採用時点における指定校制度として、別の形で継続されていったといわれている（野村

2007)。

指定校制とは、企業が求人の際に応募可能な学生の所属大学を限定する制度である。その実態には多様な面があるが、一九六〇年代までであれば、むしろ「大学推薦制」と呼ぶべき形態が多かった。すなわち、企業は特定の大学に求人を出し、その大学の学生は求人票を見て大学に申し出る。希望学生の数が求人数を上回れば、大学の内部で選抜を行ない、選ばれた学生を企業の側に提示する。現在でも理工系学部や高等学校において行なわれている就職のための推薦システムである。これは、特定の大学にしか求人を出さないことから、外から見れば大学を限定する「指定校制度」ということになる。

この指定校制度が公然と受け入れられていたということは、大学名による選抜配分のシステムに対してさほど強力な再帰性が作動していなかったということを意味している。逆にいえば、このシステムへの批判こそがメリトクラシーの再帰性現象の一つであり、後期近代における制度的再帰性の事例となる。

大学による推薦制ないし指定校制は、昭和三〇年代中頃から後半にかけての好況で「青田刈り」(大学生を早期に採用内定することを当時このように呼んでいた)が盛んになり、機能しにくくなっていたといわれている(尾崎 1967)。大学職業指導研究会の中野研至(創価大学就職部長）によれば、推薦制から自由応募への転換は昭和四五年（一九七〇年）ごろだと指摘している（20周年記念出版編集委員会 1989）。他の文献等も総合してみると、おおむね一九七〇年代あたりで切り替わっていったように思われる。大学生の増加と高度成長による売り手市場の持続が、一九六〇年代においてもすでに大学推薦制への疑問を育んでいったと考えられる。しかし、より明確な指定校制批判が社会的に生じたのは、オイルショック後の不況期、すなわち一九七〇年代中頃である。

大学職業指導研究会によれば、一九七五年の就職状況として「『採用取り消し』」、「自宅待機」の嵐」となり、指定校制を復活させる企業が目立ったと指摘している（20周年記念出版編集委員会 1989、九九頁）。この指定校制度への批判は、例えば、「大卒就職　機会均等へ／指定校制の廃止推進　文・労相が一致」（朝日新聞、一九七七年二月三日朝刊）といった記事に見られるように、機会均等と結びつけて主張されており、その背後に学歴偏重社会への批判やそれによる入試地獄への批判がある。要するに、特定の大学を優遇することを不公平とする主張であり、大学別賃金格差のあった時代との違いは明らかである。日本私立大学連盟では、各経済団体宛に要望書を出し、その中で指定校制を「甚だ遺憾なこと」であり、「放置することのできない状況」だと強く批判している（社団法人日本私立大学連盟「大学卒業予定者の雇用問題について」一九七六年一〇月七日)。こうした批判を受けて文部省も業界団体向けの依頼文書の中で「特に、出身大学による差別の解消につきましては、学歴偏重是正の観点からも特段のご協力をお願いします」(文部省大学局長「昭和五十二年度大学及び高等専門学校卒業予定者の選考開始時期等について」(昭和五二年一月二八日)と述べている。かつては正当なものでさえあった出身大学による処遇の差異は、この時期において「差別」にまで格下げされたのである。これ以降、指定校以外の大学生が試験さえ受けさせてもらえないという門前払いの話は、鳴りを潜めていくことになる。そして、大卒就職市場は、文科系を中心として学生と企業の自由な就職・採用活動をベースとした、現在のスタイルに近いものになっていったのである。

†再帰的な学歴社会

しかし、実態はどうだっただろうか。結局のところ、大学名による実質的な選別はなくなっていない。むしろ、潜在化し巧妙化してさえいる。例えば、苅谷らが指摘したOB・OG訪問(苅谷他 1992)はその典型的な仕組みだった。先輩を頼って行なう就職活動は、一見すると自然な振舞いだが、その実、有力大企業に「先輩」がいる大学生は限定される。

過去の採用実績自体が大学によって偏っていたからである。その性質を大企業も有力大学の学生も利用したのが、一九九〇年代あたりの大卒就職の実情だった。今日ではOB・OG訪問はかつてほど盛んではないが、代わりに普及したインターネットによる就職活動はさらにこうした大学差を生み出しやすくしている。一般的な言説としても、「学歴フィルター」といった用語が昨今しばしば用いられていることを思い起こしてもらえれば、そうした選別が持続していることは公然の秘密といってよい。

しかし、ここで重要なのは、露骨な学歴による選別を「学歴差別」として再帰的問い直しのふるいにかけることが前提となる社会になったという点である。後期近代において、私たちは教育選抜だけでなく、採用や昇進の選抜においても、「学歴だけではダメ」というロジックを前面に出したシステムを作らざるを得なくなっている。本音では学歴信者であったとしても、である。だから、これからの学歴社会はつねに学歴主義批判を織り込んだ、まさに自己言及的で再帰的な学歴社会しか当分の間はつくれないだろう。それはある意味でたいへんにまどろっこしく、婉曲な学歴社会なのだ。だから、常に釈然としない感覚が残り、その学歴社会自体がまた再帰的に問い直されつづけることになる。これが、後期近代におけるメリトクラシーの、いささか不安定な存立機制なのである。

かつてソニーの盛田昭夫が『学歴無用論』を著したのは一九六六年のことである。私にはこれが偶然のことには思えない。盛田のような専門的知識を持った社会的成功者による学歴主義批判は、学歴による処遇差システムへの制度的再帰性そのものにみえるのである。それは、かつての前近代的秩序が批判されてメリトクラシーの再帰性が高まる途上で生じた社会的踊り場としての学歴身分秩序が、後期近代において再帰的まなざしにさらされ、変質を繰り返していく時代の嚆矢ではなかったか。ちなみに盛田は、旧制愛知一中から旧制第八高等学校、そして大阪帝国大学物理学科を卒業した、戦前世代としてはきわめて高い学歴の所有者であった。戦後に増大した大卒者の特権を否定するのに、なんら逡巡するところはなかったであろう。大卒による大卒の批判という、後期近代のメリトクラシーの再帰的性質は、このあたりから高まっていったとみることができるのである。

†「新しい能力」論が台頭する意味

以上のような議論を踏まえれば、「新しい能力」がなぜこの後期近代において台頭してくるのかということは、説明するまでもないだろう。学校の指導ではなく塾・予備校へ、筆記試験ではなく推薦・調査書へ、露骨な学歴身分制から潜在的学歴主義へ。こうして並べてみれば、近代的なシステムである学歴・学校・試験を用いてメリトクラシーの再帰性を安定的なレベルに保っていた段階から、教育拡大と情報化の進展の中でそれらを問い直す高度の再帰性の時代へと変化してきた。その中での現代という時代なのである。近代的な学歴・学校・試験のシステムにとって代わるものが登場しないうちに、それらに依存しないメリトクラシーが完成することはありえない。そして、多くの人たちが「新しい能力」だけでこれからの時代を回していけると本気で思っているとも思えない。パーソナリティだけでＡＩの開発競争に勝てるとも思えないし、コミュニケーション能力がヒット商品を次々と生み出してくれるような感じもしない。チームワークだけで国際競争に勝てるわけもない。おそらくほとんどの人はそんなことは思っていないはずである。そうであれば、「新しい能力」は次の時代の中核的能力指標なのではない。しかし「新しい能力」に関する多くの議論は、そのあたりの自覚がないことが非常に多い。つまり旧来のシステムの否定に力点があることが多い。このようにみてくれば、一部を除くほとんどの「新しい能力」論が、むしろ、前期近代的な学歴・学校・試験を軸としたメリトクラシーを問い直すこと自体を常態とする、後期近代における再帰性現象そのものなのだと理解できるだろう。むしろ「新しい能力」を唱える人のなかでも現実感覚のある人は、前期近代的メリトクラシーのシステムを否定しないはずである。なぜなら、否定や批判に力点のある再帰的な能力論の本質にも薄々気がついていて、そこにはコアがないということも肌感覚で理解しているからである。

本章で明らかにしてきたように、後期近代においては常に自己にも制度にもメリトクラシーのあり方を問い直すドライブがかかってしまう。厄介なのは、こうした再帰性が実際のシステムを、必ずしも改善するとは限らない方向に向けて修正してしまうこともある、ということである。ここで挙げてきた偏差値・通塾・調査書選抜・推薦入学・就職自由応募制などへの転換は、同時代を生きる人間にとってはかなり大きな変化ではあるが、いずれも近代的メリトクラシーの骨格を変えるものではないのも事実である。一方で、それぞれについて弊害も容易に指摘できる制度群であり、果たしてこうした制度の転換が進歩といえるのかどうかは甚だ怪しい部分がある。後期近代とはまさしくギデンズの言う通り、なんとなく前には進んでいる感じがして快適だが、どちらに進むのかは必ずしも制御しきれないジャガノートのようである。そこには、能力をめぐって『暴走する世界』がある。すなわち、メリトクラシーの再帰性が極度に作動する現代の能力主義は、しばしば暴走するのである。

では、社会変革の方向性を読むのが容易ではない、こうした時代状況を私たちはどのように理解したらよいのだろうか。そして、私たちにできることは何かあるのか。

最終章では、これまでの議論を整理するとともに、こうした社会評論的な観点も交えて、現代の能力論議にどのような姿勢で臨むべきなのかを私なりに論じてみたい。

第6章

結論：現代の能力論と向き合うために

†ここまでの議論のまとめ

本書でここまで議論してきたのは、第1章で示した五つの命題群の論証であった。ここで以下に再掲しておきたい。本書でいわんとするところはこの五点に集約されている。そして、この五つの命題群をまとめて「再帰的メリトクラシーの理論」と呼んでおこう。

命題1　いかなる抽象的能力も、厳密には測定することができない　【2章】

命題2　地位達成や教育選抜において問題化する能力は社会的に構成される　【3章】

命題3　メリトクラシーは反省的に常に問い直され、批判される性質をはじめから持っている（メリトクラシーの再帰性）【4章】

命題4　後期近代ではメリトクラシーの再帰性はこれまで以上に高まる　【5章】

命題5　現代社会における「新しい能力」をめぐる論議は、メリトクラシーの再帰性の高まりを示す現象である　【5章】

「理論」とはいっても、それはさまざまな社会諸現象を包括的に説明しうるグランドセオリーのようなものとも異なる。あくまでも教育と選抜、あるいはメリトクラシーの領域に限定された枠組みといったほうがよいようなものである。しかしながら、こうした能力主義のとらえ方は、私なりに複数の概念装置の整合的な組み合わせから意図的に構成したものであり、従来のメリトクラシーの考え方とも異なるし、理論的に依拠しているギデンズがメリトクラシーについて理論的枠組みを構築しているわけでもない以上、こうした再帰性概念の拡張適用ないし変形応用の手法は、私自身のオリジナルな理論的操作であると考えている。

もっとも、「新しい能力」をめぐる議論について、後期近代論の枠組みを適用して論じること自体は、さほど知的に難しい作業ではない。というよりも、むしろ平易な作業のように私には思われる。なぜなら、これまでのやり方を反省的に見直すような動きは、変動の激しい現代社会においてさまざまな領域で頻繁にみられるものであるがゆえに、どれもこれも、後期近代の再帰性という言葉をはめ込もうと思えば、簡単にはめ込むことが可能な現象だからである。だから、現代社会にみられるさまざまな変化を「再帰的」と形容したところで、それだけではほとんど説明をした気持ちには、少なくとも私はならない。では、そうした議論と本書の議論はどこで差別化されるのだろうか。

もし「再帰的メリトクラシーの理論」にオリジナリティがあるとすれば、それはメリトクラシーがもともと再帰性をその内在的特性として持っているということを指摘した点にある。そして、もともと内在している再帰性が現代において顕著になる仕組みを、過去において再帰性が抑制されてきたメカニズムからの離脱としてとらえることで、そこから現代の状況を演繹できる点が、この理論的視点の最大のメリットということになる。

†メリトクラシーの再帰性とその変化

もともと若い頃からの私自身の研究関心は、戦後日本の社会変動と選抜システムの変容の関係を明らかにしようとするものであった。そのため、この研究関心に答えうる枠組みを時間をかけて模索する中で、この再帰的メリトクラシーの理論は立ち上がってきたのである。したがって、この枠組みは、戦後日本における教育と社会の変動を、メリトクラシーの再帰性という中心概念を使って、かなりの程度整合的に記述することが可能な作りになっている。そこで、この枠組みを使って、大きな社会変動の見取り図を最後に簡明に描いておこう。それが、次の図表6−1である。表の中の各要素は、すでに本書の中で議論してきた話を中心に構成されているが、各要素の相互関係・対応関係については各章の記

	前近代 (pre-modern)	前期近代 (early-modern)	後期近代 (late-modern)
おおよそ対応する年代	～1860年代	1860～1960年代	1960年代～現代
メリトクラシーの再帰性の作動状況	弱	中	強
再帰性を抑制する主因	伝統	学歴	なし
対応する制度や現象	身分制 世代間移動の固定化 世襲	学歴身分制・学閥 指定校制 筆記試験 学校への信頼	競争的昇進制度 学歴主義批判 自由応募制 推薦入学・調査書選抜 偏差値・通塾 新しい能力論の台頭 潜在学歴主義 自己啓発 学校・大学評価
教育システムの普及状況	限定的	部分開放的	開放的
教育制度の例	寺子屋・藩校	義務教育の定着 中等教育の拡大 エリート高等教育	中等教育の普遍化 マス or ユニバーサル高等教育
情報化の進展状況	ローカル	ナショナル	グローバル
代表的情報通信手段の例	手紙・伝聞	新聞・固定電話・テレビ・ラジオ	コンピュータ・携帯電話・電子メール・インターネット・衛星通信

図表6-1 「再帰的メリトクラシーの理論」の整理

述からは不明確な部分もあったかもしれないので、この一覧表によって、全体像がより一層明確になるだろう。

この表では前近代・前期近代・後期近代を明確に区別しているが、現実にはその境目は不明確である。大まかな見取り図と考えてもらいたい。日本において各時期に対応する年代も記載しているが、これもざっとイメージをつかんでもらうためのもので、厳密なものではない。しかし、流れていく時間の方向性については、理論的な観点から整合するように整理したつもりである。

メリトクラシーの再帰性の作動状況は、前近代→前期近代→後期近代と進むにつれて強まっていくと想定される。それは、すでに論じてきたように、再帰性を抑制する要因の弱体化と変化を反映している。前近代では伝統が強力に再帰性を抑制していたが、前期近代ではその一部を学歴が請け負うことになる。しかし、高学歴化が進展することにより学歴そのものにも再帰的まなざしが向けられるにおよんで、後期近代はメリトクラシーの再帰性が徹底的に作動する社会へと進んでいくことになる。この表では、後期近代で「再帰性を抑制する主因」の欄に「なし」と記したが、これは再帰性が一切抑制されないという意味ではない。ないのは「主因」であって、個々の文脈において再帰性にブレーキがかかる仕組みや制度は当然現代でも存在する。しかし、それは、前近代における「伝統」や前期近代における「学歴」と比べると、統一性のない形で分散して存在しており、その抑止力は相対的にかなり弱体化している、と見ることができる。

この表には、それぞれのステージにおいてメリトクラシーに関連する諸制度や諸現象を事例的に書き込んであるが（「対応する制度や現象」の欄）、もっと簡略化していってしまえば、前近代は「無学校」時代、前期近代は「学校」の時代、そして後期近代は「学校批判」の時代ということになるだろう。本書で触れた諸現象以外に書き加えた「自己啓発」も、ここでの文脈でいえば、学校で身につけることができない能力があることが強く前提とされるものであり、絶え間なく自己の能力を更新することを求められるプレッシャーは、典型的な後期近代現象といえよう。牧野がこの現象を再帰性の観点から解読したのもうなずけるところである（牧野 2012）。また、その下に挙げた「学校・大学評価」も、学校教育システムへのある種の不信の産物であろう。これは個人の能力の話ではないので、やや踏み出した議論にはなるが、学校や大学がこれまでの実践を反省的にとらえて自ら改革しようとすることは、学校教育システムが立ち上がった前期近代以降つねにあったものと思われるが、後期近代においてはこうしたドライブが見境もなくかかっていってしまう傾向がある。つまり、それが正しい方向かどうかはともかくとして、反省し自己評価をし続けることが日常化し、制度化されるのである。これも一つの「学校批判」の象徴的現象となっている。

†再帰性の動因――教育拡大と情報化

このようなメリトクラシーの再帰性の作動状況に変化をもたらす社会的変化は、大きく見て二つあった。教育拡大と情報化である。表の下部にその対応関係を記しておいたが、教育システムは、前近代→前期近代→後期近代と進むにつれて整備されていき、普遍化していく。教育システムが一層開放され、高学歴者が社会に充満することによって、高学歴者による学歴批判・学校批判が再帰的に作動していくのである。一方、情報化のほうは、前近代社会においては情報の流通は基本的にローカルで、全国的に情報が広がることがあったとしても非常に時間がかかるものであった。しかしながら、近代化がすすんで新聞・ラジオ・テレビ・電話（固定電話）などの情報通信手段が次々と整備される中で、ナショナルなレベルには情報がスムーズに流通するようになっていく。こうした中でローカルな価値観や制度は修正を余儀なくされるケースも頻発するようになる。現代、すなわち後期近代においては、さらに情報通信の圏域は拡大してグローバルとなりつつある。ここにおいては、ナショナルになりたっていたあらゆる価値観・慣習・制度は再帰的なまなざしにさらされるようになっていく。学校教育システムや学歴主義も然りである。

ところで、教育拡大と情報化には、ある共通の特質がある。それは、空間的な拡大である。情報化のほうはすぐにイメージできると思われるが、実は教育の拡大も、空間的な拡大と連動している。それは小学校、中学校、高校、大学と進むにしたがって、そこに通う人々の地理的範囲が広くなっていくことをイメージしていただくとわかりやすい。つまり、上級学校段階への進学は、その個人の空間的移動範囲の拡大と連動しているのである。それは基本的には、上級段階の学校ほど設置数が少なく、進学したければ遠くまで通うしかない人々の数が増えるという単純な事実に発するものであるが、メリトクラシーの再帰性との関連でいえば、事情はともあれ高学歴化は既存の空間から個人を引きはがす機能を持つことになるため、ローカルに成立していたシステムや価値体系は、そうした空間的移動に連動する形で問い直しの対象となりやすくなる。すなわち、高学歴化は空間的な意味でも再帰性を誘発しやすい一つのメカニズムとなっている。メリトクラシーの再帰性の高まりはこのような空間変容の問題とも、通底した事態なのである。

このような理解は、一見すると後期近代と「ポストモダン」の違いを曖昧にさせかねない。確かに、リオタールのポストモダン論が強調した「大きな物語の終焉」のストーリーに引きつけていえば、現代は、学校とかメリトクラシーを支える「大きな物語」を喪失した状態と理解することも不可能ではないようにも見える。しかし、決定的に異なるのは、リオタール本人の思想はともかく、ポストモダンという言葉を使う多くの議論では、「大きな物語の終焉」に言及しながら時代的転換を強調しがちである、という点にある。一方で、後期近代論は、これを「終焉」ではなく、本来あった再帰性の露呈化として描くため、現状はモダンの延長線上において理解される。というよりも、むしろ現代のほうが前期近代よりも一層近代的（ギデンズ流にいえば、高度近代〔ハイ・モダニティ〕）といえるのだ。

メリトクラシーは確かに大きな物語の一部のようにも見えるし、その揺らぎの状況は「終焉」のようにみえなくもない。しかし、私たちは現実にあるメリトクラシーを批判しながらも完全には捨て去っていない。というよりもむしろ、捨て去ることができないのだ。なぜなら、私たちは学校や学歴のシステムに完全にとってかわるような代案を持ち合わせていないからである。その意味でメリトクラシーという物語は「終焉」してはいない。「ポスト……」と呼んではいけない所以である。だから、再帰的メリトクラシーの理論にしたがうならば、今日頻繁に見受けられるようになった「新しい能力」論現象の本質は、新しい選抜原理の胎動なのではない。そのような名案など誰も思いついていないにもかかわらず、既存のメリトクラシーを批判し、どこかで聞いたことがあるような陳腐な能力論をあたかも立派な代案であるかのようにして振りまわさざるをえなくなっている我々現代人の苦悩＝メリトクラシーの再帰性の高まり、なのである。私が冒頭で本書の基本スタンスとして述べた、

いま人々が渇望しているのは、「新しい能力を求めなければならない」という議論それ自体である。

と主張したのは、以上のような理解をしていたからなのである。ここまで読み進めてくれた読者の方々であれば、「「新しい能力を求めなければならない」という議論それ自体」がメリトクラシーの再帰性現象を指しているということは、容易に了解可能なはずである。

†能力論と政策

本書で展開した枠組みが価値あるものと認定されるかどうかは、以後にこの理論的枠組みを踏まえた議論が重ねて登場するかどうかにかかっている。しかし、その点に関しては、私は実は悲観的だ。なぜなら、社会学のみならず学問の世界において構成主義的な、あるいは相対主義的なものの見方が普及してずいぶんと日が経っているにもかかわらず、依然として「能力」というものの実在性・絶対性を大前提においた能力論が圧倒的な主流にあるからである。そして、そうした主流派能力論のうちでも、比較的人口に膾炙しやすい、私から言わせれば俗流の能力論が政策的なインパクトを従来以上にもってしまっていることに、私個人としては非常に強い危機感を持っている。なぜなら、こうした影響力のあるどの能力論も、しっかりとした足場を持つわけではないものばかりであり、なおかつ、第1章で指摘したように、昔からすでにさんざん議論されてきたような陳腐な内容のものばかりだからである。

そこで最後に、能力の実在性・絶対性を過度に強調した（すなわち能力の社会構成的性格とメリトクラシーの再帰性を軽視した）能力論が、政策的影響力を持つことによって現代に生きる私たちをいかに不必要に圧迫し続けているのかということ、そしてそれ自体がメリトクラシーの再帰性現象であるという視点に立ったときに、私たちはそれらをケースバイケースで冷静に処理できるロジックを構築しうる可能性があることを示して、本書の結びとしたいと思う。ここで私が取り上げたいのは、三つある。一つはキー・コンピテンシー。もう一つは、非認知能力。そして最後に、現在進行中の大学入試改革の議論でしばしば登場した「知識の暗記・再生」批判の議論である。

†キー・コンピテンシー再論──世界を席巻する不思議な能力論

第1章で少しだけ触れたキー・コンピテンシーについて再度考えてみよう。OECD（経済協力開発機構）が推進する「新しい能力」論の代表である。コンピテンシーという言葉は、本来は非常に味のある言葉で、成果を上げる人たちに共通するような行動特性のことを指す。なぜ「味がある」といったのかといえば、そこには、能力を個人に内属する特性とみる通常の見方とはやや異なり、成果を上げる「文脈」が重要な意味を持ちうる概念だからである。これは実は本書で強調した、能力の社会的構成の考え方とかなり重なっているのである。

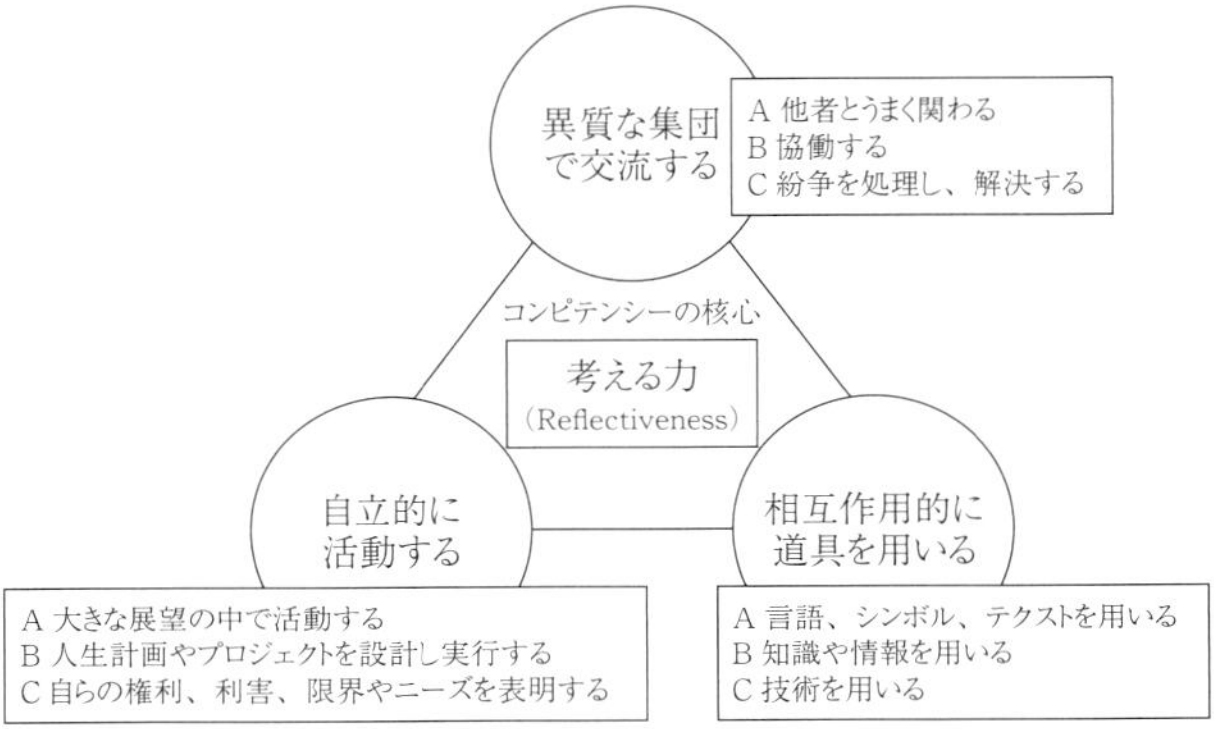

(出所) 立田慶裕 (2014), p. 40

図表6-2 キー・コンピテンシーの内容

そうした能力のうち、キーとなる特性を洗い出そうとする試みが一九九〇年代後半からOECDで開始された。そこで定義され選ばれたキー・コンピテンシーは、大きくは三つのカテゴリーにまとめられており、さらにそれぞれの能力について三つの下位カテゴリーが与えられている。都合九つの能力が「キー・コンピテンシー」にめでたく選出されたというわけである(図表6-2)。そして、これが、今話題のOECDの国際学力調査PISAのコンセプトに取り込まれ、試験問題に反映されてきた。今や世界中の教育政策担当者が注目する一大プロジェクトであるPISAの背景にある思想だといってもいい。ここまで説明すれば、その世界的な影響力はおおよそ想像がつくことだろう。わかりやすいところで日本の場合でいえば、二〇〇三年のPISAにおける日本の順位の下降が、日本の「ゆとり教育」政策を窮地に陥れたことを思い起こしていただければと思う。世界的にもさまざまな国の教育政策に影響を与え続けており、その破壊力（?）には甚大なものがある。

しかし、ここまで本書にお付き合いくださった方々であれば、違和感をお持ちになる人も多いのではないか。コンピテンシーが特定の状況の中で成果を上げた人の行動特性をまとめたものであるならば、それを抽象化して文脈に依存しない形で共通項をくりだすような試みに、どれほどの価値があるのか、と。国や文化や職場や教育段階が違えば、コンピテンシーは異なってくるはずである。だが、そのようなコンテクストを捨象した能力は、本書で再三言及してきた抽象的能力そのものであり、陳腐でなおかつ容易に測りがたいものなのである。キー・コンピテンシーの図を見てほしい。例えば、「異質な集団で交流する」のサブ・カテゴリーは「他者とうまく関わる」「協働する」「紛争を処理し、解決する」である。これらは本当に二一世紀の世界をリードするような先端的な能力といえるのだろうか。その内容を精査することなく「そうだ」と言い切る人がいたら、権威主義にもほどがある。もしこれが権威ある国際機関ＯＥＣＤのプロジェクトでもなく、またキー・

コンピテンシーなどというおどろおどろしいネーミングがついていなければ、私たちはこの内容をここまでありがたがることはなかったのではないか。他者と良好な関係を保ち、チームで協力し合い、争いを解決する。これらのどこに新味があるのだろうか。これでほんとうに二一世紀の先頭を走ることができるなら、逆に私のような悲観論者でも大いに希望が湧いてくるというものである。

もちろん、これらの価値が無意味だといいたいわけではない。これだけ世界中で紛争や差別が絶えないなかで、これらの価値はむしろきわめて重要である。私が言いたいのは、これらはあまりに抽象度が高すぎて、普遍的に価値ある能力ではありえても、新しい時代に対応する「新しい能力」を発見したことにはなっていない、ということなのである。そして、これらの普遍的価値自体は、すでに多くの教育システムでは、その巧拙や強弱はともかくかなりカリキュラムに組み込んでいる。集団主義的といわれて批判されてきた日本の教育は、むしろその先端的な内容を含んでいる可能性だって本来は検討してみなければならないはずなのである。

ちょうどこの原稿を書いている真最中に、新聞でPISAの二〇一五年調査において実施された「協同問題解決能力調査」の結果が報道されていた（二〇一七年一一月二二日、朝日新聞ほか)。「協同問題解決能力調査」では、公開された出題例を見ると、架空の課題が設定され、それにたいして協同して問題解決にあたる状況設定がなされており、その中での個人の判断を問うような問題が出題されている。まさに、協力・チームで働く・紛争解決等のスキルの話である。それによれば、日本はOECD諸国のなかでトップ、72の全ての参加国・地域のなかでもシンガポールに次いで二位だったとのことである。本当に現行の日本の教育システムを大きく変更しなければ獲得できない能力なのかどうか、再考する必要を促す結果のようにも思われる。

また、このOECDプロジェクトにおけるキー・コンピテンシーの定義と選択をめぐっては、さまざまな対立意見があったということも、一般にはほとんど紹介されない。特に、さまざまな地域・専門分野の専門家から意見を求めるプロセスにおいては、このようなキー・コンピテンシーの定義づけ作業自体への疑義も出されていたのであり(Rychen & Salganik eds. 2001)、そうした意見もレポートの中に含めながら、最終的にはそれを踏まえずにキー・コンピテンシーをまとめていった経緯もあると思われるからである(倉田 2017)。

こうした経緯を理解したとき、私たちは、キー・コンピテンシーの抽象性と、それゆえのつかみどころのなさを踏まえ、それを横目に見ながらももっと個別のコンテクストを踏まえたコンピテンシーを、可能な限り抽象度を下げた形で検討していくという作業課題を立ち上げることができるだろう。それはおそらく、キー・コンピテンシーを二一世紀に対応する「新しい能力」としてそれを軸に大改革を施そうとするプランに対しては、批判的視線を向けることになるが、一方で普遍的価値としてのキー・コンピテンシーを実現できていない既存のカリキュラムの硬直的部分を見直すようなピースミールの政策には、ケースバイケースで前向きに評価しうる視座を提供するものとなるだろう。

†非認知能力――経済学者に再発見?された能力論

教育関係の文章をよく読む人ならば、「非認知能力」も、キー・コンピテンシー同様に、業界の流行語であることに気付いていることだろう。その一つの大きなきっかけは、アメリカのノーベル経済学賞受賞者、ジェームズ・J・ヘックマンの研究であった。邦訳されている『幼児教育の経済学』(2013＝2015)でその概要は直接誰でも見ることができるが、その肝のところだけ簡略化していえば、学力に代表される認知的能力だけではなく、肉体的・精神的健康や根気強さ、注意深さ、意欲、自信といった非認知能力も、子どもの将来の成功可能性に影響するということ、そしてそれは幼少期の環境が重要であるので幼児教育への政策的介入が有効であり、その経済効果も大きい、とする主張である。

このヘックマンの学説は、多くの経済学者の紹介もあって、さきほど述べたように教育業界ではかなり知られるようになった。ピンと来た方もおられると思うが、比較的最近、自民党によって選挙公約に打ち出されていた「幼児教育無償化」も、この学説が下敷きとなっているようである。この教育無償化政策を議論している首相官邸の「人生一〇〇年時代構想会議」の第二回会議が二〇一七年一〇月に行なわれているが、その会議資料には、まさにヘックマンや非認知能力の話が登場する。その影響力は、非常に大きいといわざるをえない。

この幼児教育無償化の議論については、幼児教育の専門家の間では評判がいいとばかりはいえないようで、さまざまな批判も耳にする。しかし、ヘックマンの議論に基本的には肯定的だろうと思っていた経済学者の中にも、この議論に異を唱えるケースがあることには注目したい。教育の経済学的研究で著名な赤林は、幼児教育無償化の議論でしばしばその論拠にヘックマンが用いられることについて、「米国と日本の社会的背景の違いを無視した暴論」だと指摘している。赤林によれば、ヘックマンの主張は、五〇年前の米国で、養育環境が悪く、教育機会にめぐまれない就学前の子どもに、質の高い教育を施したときの効果の測定結果に基づいており、ほとんどの人が幼児教育（保育所を含む）を受けている日本の現状とは条件が違いすぎることを指摘しているのである（赤林 2017）。私も、赤林の批判に説得力を感じる一人である。そして、ヘックマンの主張が幼児教育への投資だけではなく、非認知能力の重要性を訴えるものである以上、そちらについても批判的検討が必要であると考えるのである。なぜなら、私には非認知能力の強調それ自体が、メリトクラシーの再帰性現象のように見えてしまっているからである。

非認知能力が及ぼす将来への影響については、さまざまな研究が内外で行なわれており、非常に重要な研究領域と思われるので、私自身も自分の研究に今後生かしていきたいとさえ考えている。しかし、それはアカデミズムの世界内部での話である。これが現時点でいきなり日常生活の指針や政策目標になるということであれば、それはより一層慎重な議論が必要である。なぜなら、非認知能力というのは、それ自体を単純に取り出してしまえば、本書で再三指摘してきた抽象的能力そのものだからである。

心理学者の遠藤利彦による研究報告書では、非認知能力に関する心理学的研究のレビューがなされているが（遠藤 2017）、これを見ると非認知能力にほぼ対応するものがすでに心理学によって分厚く議論されてきたことがわかる。同時に、非認知能力という概念は幅が広く曖昧であり、必ずしも「能力」とはいえないようなものも含みうる概念であることも指摘されている。こうした指摘を見ても、非認知能力は本書でいうところの抽象的能力なのである。そして繰り返しになるが、現代において語られる抽象的能力は、しばしば、かねてから認識されてきたような陳腐な能力論に陥りがちであり、また仮にそうでないとしても実際に測定することは必ずしも容易でない能力であることが多い。だから、流行の「非認知能力」に飛びつく前に、少し冷静に考えを巡らしてみる必要があるのだ。

わかりやすくするために、あえて誤解を恐れずに言わせてもらおう。非認知能力とされる健康や根気強さ、注意深さ、意欲、自信といったものが将来に影響するという話は、ヘックマンの研究がなければ我々はまったく知りえなかったことなのだろうか、と。おそらくほとんどの人にとっては、そんなことは言われなくてもわかっている、と言いたくなるような話なのではないか。どれもこれも、人生を生きていくうえで「そりゃあ、ないよりはあったほうがきっといいよな」と思える特性ばかりである。そして、これらは、好きな仕事では根気強くなれるが、いやな仕事の時はできないとか、得意なことなら自信を持てるが、そうでなければ自信がないとか、調子に乗っているときは注意深いが、そうでないときは散漫になる、といったように、同じ人間であっても状況によって可変的であり、ある特定の非認知能力がある特定の人間に内在的に具有されるものだ、と決めつけてよいのかさえ、本来は議論が分かれるものかもしれないのである。

その意味では、ここでもキー・コンピテンシーと同じ問題が起こっている。すなわち、非認知能力は、新しい時代に対応した未知の能力なのではなく、昔から実生活の中で重視されてきたごく普通の能力が、焼き直されてきたにすぎない可能性である。そして、そうした非認知能力的なものは、多くの場合、どの国の教育政策においても無視されてはおらず、程度の差はあれ、すでに教育課程のなかに組み込まれていたりする。日本でも、学校教育課程はしばしば教科教育・道徳教育・特別活動といった形に区分されるが、後二者はまさに非認知的である（幼児教育の場合は、もっと非認知的能力重視でこれまでずっとやってきたはずである）。とりわけ特別活動と呼ばれる諸活動は、日本の学校では諸外国に比べて特に重視されてきたといわれており、生徒会活動や運動会・学芸会といった学校行事、あるいは部活動などは子どもたちの非認知能力育成に多大の貢献をしてきたことは想像に難くない。そうであるならば、政策によって追加的になしうることははたしてどれだけあるのか。本書の議論を踏まえるならば、非認知能力は「新しい能力」というよりは普遍的能力の一種であり、もし教育政策において非認知能力を強調していくのであれば、既存の力リキュラムで対応可能であるかどうかを十分に検討したうえで、何が新規に付け加えなければいけないものなのかを、腑分けしていく必要があるように思われる。

†知識の暗記・再生＝受験学力の批判――改革のための改革？

キー・コンピテンシーも、非認知能力も、確かに業界では非常に注目され、話題となっているものであるが、実のところ、一般の人たちにとっては、あまり馴染みのない議論であろうかと思う。しかし、これが大学入試改革に関わるものだということになると、無関係といっていられなくなる。というのも、今日進行中の大学入試改革（高大接続改革）の基本的方向性は、上述のキー・コンピテンシーや非認知能力の強調と軌を一にしているといえるからである。

簡単にいってしまえば、これらの「新しい能力」を見つけ出そうとする努力は、前期近代において学校で体系的に学ぶことが想定されていたような認知的知識・技能からはみ出していた部分をすくいだそうとする試みなのである。しつこいようだが、それが二一世紀に新たに求められる「新しい能力」である必然性はほとんどない。そして、測定や評価にはストレートに反映させてはこなかったかもしれないけれども、過去においてもやはりそれなりに大事にされてきた能力のリバイバルなのである。

その点で今般の大学入試改革をめぐる議論はたいへんわかりやすい。それは「知識の暗記・再生」を標的にした議論が展開されているからである。

現在の改革案の骨格は、二〇一四年一二月の中央教育審議会答申「新しい時代にふさわしい高大接続の実現に向けた高等学校教育、大学教育、大学入学者選抜の一体的改革について」において現実的な方針として打ち出された。私自身も、大学入試に関する研究に携わった経験者としてこの答申には大いに関心があったが、一読してその内容には当惑せざるを得なかったのだが、その原因こそ「知識の暗記・再生」というフレーズなのである。答申は次のように指摘する。「現状の高等学校教育、大学教育、大学入学者選抜は、知識の暗記・再生に偏りがち」であり、「真の「学力」が十分に育成・評価されていない」（同書、三頁）と。だから、入学者選抜方法を改革しなければならず、個別大学の選抜方法も多様化すべきだし、センター試験に代わる新しいテストも導入し、知識の暗記・再生を問うものばかりにならないように記述式も取り入れるのだ、というわけである。

これを受けて具体的な制度設計を担う「高大接続システム改革会議」も、二〇一六年三月に最終報告を出した。そこでは中教審答申に見られた改革への意気込みはかなり抑えられ、現実的な方向での提案に多少は落ち着いてきた。しかし、「現状の大学入学者選抜では、知識の暗記・再生や暗記した解法パターンの適用の評価に偏りがちである」（同書、四頁）といった記述も見られるように、「知識の暗記・再生」をターゲットとした論理は未だにくすぶっており、依然として無理のある改革案が半ば強引に進められようとしている。

私が違和感を覚えるのは、現行の大学入試は単純な「知識の暗記・再生」にはなっていないという認識があるためである。実は入学難易度が高くない多くの大学では、すでに入試多様化は十分過ぎるほど浸透し、進路指導の高校教員でも対応に苦労するほど複雑化している。ここでは、当然ながら推薦入試・AO入試が中心的な選抜方法となっており、「知識の暗記・再生」に偏っているという風情はまるでない。第5章でも指摘したように、日本の大学の約八割を占める私立大学では、すでに大学入学者の半分ほどが推薦・AO入試経由なのである。むしろ、少子化による大学間競争の激化で受験生の取り合いになっており、教科の学力試験を多く課すと受験生が逃げてしまうため実施できない大学のほうが多く、そのような大学では入学者の学力と大学教育内容のギャップが生じてしまっている。したがって、高度な記述式問題への対応能力どころではなく、せめて高校教育の知識をきちんと修得した生徒に入学してほしいという大学もたくさん存在する。

もっとも、難関大学の入試であれば、昔ながらの受験競争があるため、知識の詰め込み勉強の弊害も聞こえてきそうである。しかし、難関大学の入試では、逆に高学力層の競争になるため、実際には単なる「知識の暗記・再生」では歯が立たないのが実情である。中教審答申や高大接続システム改革会議最終報告が目指すような、活用や思考力・判断力・表現力までトレーニングしなければならないような、高度な記述式解答や思考回路を求める問題が課されることも少なくない。要するに、「知識の暗記・再生」に覆い尽くされたようなイメージは、そもそも今の日本の大学入試の現状を適確にとらえていないのである。

しかし、二〇二〇年からは、拙速ともいえるスピードによって、現在の大学入試センター試験に代わる「大学入学共通テスト」が開始され、そこではまず国語と数学で記述式の出題がそれぞれ三問程度なされるのだという。その程度の記述問題であれば、ほとんど導入のメリットがないと私自身は判断しているが、とにかく「暗記・再生」に対抗する策が是が非でも改革案に盛り込まれる必要があったのだろう。ここで引き合いに出されたのが「記述」や「英語四技能（なかでもスピーキング）」という、やはり昔から知られていた能力であって、なおかつ測定や公平な採点が必ずしも容易ではないものが選ばれているのは、キー・コンピテンシーや非認知能力の議論と相同である。

このように見てみると、大学入試改革を巡っても、やはり私たちは「新しい能力を求めなければならない」という強迫観念に苛まされているように思われる。冷静に考えてみれば、これだけ変化が急激で複雑な社会の中で、どのような能力が将来必要になるのかということを千里眼のように見通すことができると考えるほうがどうかしている。にもかかわらずそうした発想に私たちが引き込まれてしまうのは、〈能力不安〉から生じる強迫観念に縛られているからではないか。こうした時代だからこそ、私たちはこの強迫観念にたいして一定の距離感を持って接していくことがむしろ必要なのである。メリトクラシーの再帰性という視座が確保されることで別の「新しい能力」が発見されるようになることはないけれども、この考え方をとれば、少なくとも私たちが「新しい能力」を求めて右往左往することと自体が、後期近代の再帰性に伴う麻薬的作用であるかもしれない可能性を察知し、冷静さを取り戻すのに多少は役立つはずである。そして、そうした冷静な雰囲気の中でこそ、多くの受験生にとって死活問題となる入試のあり方を議論していただきたいと、私は感じている。

この最終章では、これからの時代に必要な能力に関する代表的議論を三つ取り上げた。これらいずれにも共通する問題が、実はある。それは、専門領域で築かれてきた知性にあまり信頼を寄せていない、ということである。

キー・コンピテンシーには、その事業目的に含まれる矛盾をつく周辺分野の専門研究者からの批判は十分に反映されずにまとめられた面がある。非認知能力も、従来の研究が心理学などで行なわれてきたこともあり、経済学以外では非認知能力の議論を新しいものとは感じていない専門家もかなりいるだろう。入試改革の議論でも、大学入試制度やテスト理論の専門家の多くが疑義を提出していたにもかかわらず、改革の方向性は（多少緩められたとはいえ）大きく変わらなかったといっていい。私には、これらの経緯が、反知性主義としばしば指摘されるような動きと重なって見えるのである。

内田樹は、『日本の反知性主義』（2015）の冒頭で、本書にとって非常に示唆的な指摘を行なっている。それは「知識人自身がしばしば最悪の反知性主義者としてふるまうという事実」の指摘である（同書、一九頁）。これは、反知性主義なる言葉のもともとの原典であるホーフスタッターによるものだが、これを「日本における反知性主義について考察する場合でも、つねに念頭に置いておかなければならないもの」だと内田は述べている（同書、二〇頁）。

本書の文脈でいえば、「新しい能力」に関するさまざまな議論は、いろいろな専門的知識に対して必ずしも感応的ではない面があり、反知性的にも見えるのであるが、それはまさに内田が指摘しているように、「知識人対大衆」という構図ではなく、知識人対知識人という構図でなければ成り立たない議論のように見えるのである。「新しい能力」を推進する側もまた高学歴の知識人であればこそ、既存の知識体系を再帰的にとらえなおすような形をとることが容易なのだ。

しかし、ここにはもう一つ話が加わる。後期近代における再帰性は、そうして提示された「新しい能力」論に対しても、再帰的なメカニズムが作動するのが通例であるのだが、そこで各方面からの批判によってまた議論が再考されるという形には必ずしも進みそうもないように見える。「あなたが同意しようとしまいと、私の語ることの真理性はいささかも揺るがない」という反知性主義者の基本的マナー（同書、二一頁）が、ここでもあてはまるように思われる。そこでは、同種の主張が繰り返し述べられ（「知識の暗記・再生」！）、さながらギデンズのいう嗜癖のようである。嗜癖は、同じことを繰り返すことで一時的な心理的安定を生み出す行為であり、おそらく私たちは、古い能力を批判し、「新しい能力」を唱えることで、一時の心の平穏を得ることはできるのだろう。しかし、それが長い期間の安定を生み出さないのは、アルコールや薬物の中毒が一時的な快楽しか提供できないのと同じである。

これからの時代に必要な能力は何か？　まともに探求しようとする姿勢のある知性的な人なら、そんなに軽々に「◎◎力です」などと迂闊なことを言い放つはずがない。なぜなら、それは簡単にはわからないことだからである。私たちがいえるのは、読み書きや義務教育で現在教えられているような基礎的知識・技能の必要性はしばらく続くだろうということ、そして、個別の職業や社会集団の中で必要とされる具体的な技能や能力はそれぞれの状況の中で鍛えていかなければならないだろう、という単純なことぐらいである。「二一世紀に特別に必要な、みんなに共通する能力」などという抽象的議論を好んでするかどうかが、私の中ではその知識人の探求的思考の有無を判別する便利なリトマス試験紙にさえなっている。

教育システムにとって現在必要なのは、そのような大きな図柄の大改革なのではない。

相手はグローバリゼーションのような、予測を容易には許さない巨大な社会変動なのだ。特定の方向にオアシスがあると決めつけて、全員をそこに向かわせようとするのは得策ではない。なぜなら、予測不能な状況下では、全員でがんばってかけつけてみたがそこにオアシスはなかった、ということはいくらでも起こりうるからである。そうした状況において大事なのは、むしろリスクヘッジである。今私たちが持っている人的・物的資源や方法を確認しながら、慎重に修正を加えていくというぐらいの姿勢が重要なのである。

本書で示したメリトクラシーの再帰性というアイデアは、現代社会の特徴を描くために考え出されたものである。しかし、同時に「新しい能力」をめぐる議論がまさに空中戦であり、「暴走する能力主義」であることをも容易に理解させてくれるという意味で、現代の教育論議にむけての再帰的なまなざしの一角を、この議論自体が、ささやかながらも占めているということを、最後に申し上げておきたい。

参考文献

赤林英夫（2017）．「幼児教育の無償化はマジックか？――日本の現状から出発した緻密な議論を」『SYNODOS』（2017. 6. 3） https://synodos.jp/education/19911

天野郁夫（1982）．『教育と選抜』第一法規出版．

荒井克弘（2015）．「ますます不透明な『新テスト』の行方」『学研・進学情報』2015 年 12 月号，2-5 頁．

Beck, Ulrich., Giddens, Anthony & Lash, Scott.（1994）. *Reflexive Modernization*. Polity Press.（＝1997. 松尾精文・小幡正敏・叶堂隆三訳『再帰的近代化』而立書房）．

Bourdieu, Pierre.（1989）. *La noblesse d'État: Grandes écoles et esprit de corps*. Les Éditions de Minuit.（＝2012『国家貴族Ⅰ・Ⅱ――エリート教育と支配階級の再生産』藤原書店）．

Bourdieu, Pierre & Passeron, Jean-Claude.（1970）, *La Reproduction*. Les Editions de Minuit.（＝1991. 宮島喬訳『再生産――教育・社会・文化』藤原書店）．

Bowles, S. & Gintis, H.（1976）. *Schooling in Capitalist America: educational reform and the contradictions of economic life*. Basic Books.（＝1986-1987. 宇沢弘文訳『アメリカ資本主義と学校教育 Ⅰ・Ⅱ』岩波書店）．

Brown, P.（1990）. "The Third Wave: Education and the Ideology of Parentocracy." *British Journal of Sociology of Education*. Vol. 11. No. 1, pp. 65-85.

Collins, R.（1979）. *The Credential Society: An Histrical Sociology of Edcation and Stratification*. Academic Press.（＝1984, 大野雅敏・波平勇夫訳『資格社会』東信堂）．

Durkheim, Émile（1895）. *Les Règles De La Méthode Sociologique*.（＝1978. 宮島喬訳『社会学的方法の規準』岩波文庫）．

遠藤周作（1994）．『狐狸庵閑談』読売新聞社．

遠藤利彦（研究代表）（2017）．『非認知的（社会情緒的）能力の発達と

科学的検討手法についての研究に関する報告書』国立教育政策研究所.
福井康貴（2008）.「就職の誕生——戦前日本の高等教育卒業者を事例として」日本社会学会編『社会学評論』59（1），198-215 頁.
福武書店（1987）.『福武書店 30 年史』福武書店.
Giddens, Anthony.（1976）. *New Rules of Sociological Method: A Positive Critique of Interpretive Sociologies*. Hutchinson of London（=1987. 松尾精文・藤井達也・小幡正敏訳『社会学の新しい方法規準——理解社会学の共感的批判』而立書房）.
Giddens, Anthony.（1979）. *Central Problems in Social Theory*. University of California Press.（=1989. 友枝敏雄・今田高俊・森重雄訳『社会理論の最前線』ハーベスト社）.
Giddens, Anthony.（1984）. *The Constitution of Society*. University of California Press: Berkeley.（=2015, 門田健一訳『社会の構成』勁草書房）.
Giddens, Anthony.（1990）. *The Consequences of Modernity*, Stanford University Press.（=1993. 松尾精文・小幡正敏訳『近代とはいかなる時代か？』而立書房）.
Giddens, Anthony.（1991）. *Modernity and Self-Identity*, Stanford University Press.（=2005. 秋吉美都・安藤太郎・筒井淳也訳『モダニティと自己アイデンティティ』ハーベスト社）.
Giddens, Anthony.（1992）. *The Transformation of Intimacy*, Stanford University Press.（=1995. 松尾精文・松川昭子訳『親密性の変容』而立書房）.
Giddens, Anthony.（1998）. *The Third Way*. Polity Press: London.（=1999. 佐和隆光訳『第三の道』日本経済新聞社）.
Giddens, Anthony.（1999）. *Runaway World*. Profile Books.（=2001. 佐和隆光訳『暴走する世界』ダイヤモンド社）.
Goldthorpe, J.H.（1996）. 'Problems of "Meritocracy", R. Ericson and O. Jonsson（eds.）, *Can Education be Equalized? The Swedish Case in Comparative Perspective*. Westview Press, pp. 255-287.（=2005, 住田正樹・秋永雄一・吉本圭一編訳『教育社会学——第三のソリューション』九州大学出版会，533-562 頁）.
濱中淳子（2013）.『検証・学歴の効用』勁草書房.

橋本昭彦（1993）．『江戸幕府試験制度史の研究』風間書房．

秦郁彦（2003）．『旧制高校物語』文春新書．

Heckman, James J. (2013). *Giving Kids a Fair Chance*. MIT Press（＝2015. 古草秀子訳『幼児教育の経済学』東洋経済新報社）．

広田照幸（2011）．「能力にもとづく選抜のあいまいさと恣意性」宮寺晃夫編『再検討 教育機会の平等』岩波書店．

本田由紀（2005）．『多元化する「能力」と日本社会――ハイパー・メリトクラシー化のなかで』NTT出版．

池田潔（1949）．『自由と規律――イギリスの学校生活』岩波新書．

石原千秋（1999）．『秘伝 中学入試国語読解法』新潮選書．

石山脩平・小保内虎夫編（1956）．『大学入試方法の検討』中山書店．

岩田龍子（1981）．『学歴主義の発展構造』日本評論社．

苅谷剛彦（1995）．『大衆教育社会のゆくえ――学歴主義と平等神話の戦後史』中公新書．

苅谷剛彦・沖津由紀・吉原惠子・近藤尚・中村高康（1992）．「先輩後輩関係に“埋め込まれた”大卒就職」『東京大学教育学部紀要』第32巻，89-118頁．

勝野頼彦（研究代表）（2013）．『社会の変化に対応する資質や能力を育成する教育課程編成の基本原理〔改訂版〕』国立教育政策研究所．

河合塾五十年史編纂委員会編（1985）．『河合塾五十年史』河合塾．

経済産業省編（2010）．『社会人基礎力　育成の手引き――日本の将来を託す若者を育てるために』学校法人河合塾．

貴戸理恵（2011）．『「コミュニケーション能力がない」と悩むまえに――生きづらさを考える』岩波ブックレット．

吉川徹・中村高康（2012）．『学歴・競争・人生』日本図書センター．

木村好美（1999）．「予備校の史的展開――入試制度改革と予備校」日本教育社会学会第51回大会発表資料．

小浜逸郎（2003）．『頭はよくならない』洋泉社．

厚東洋輔（2006）．『モダニティの社会学――ポストモダンからグローバリゼーションへ』ミネルヴァ書房．

倉田桃子（2017）．「PISAとキー・コンピテンシーの形成過程；DeSeCo計画における議論の検討」『公教育システム研究』16，1-29頁．

Lemann, Nicholas. (1999). *The Big Test: The Secret History of the American Meritocracy*. Farrar, Straus and Giroux.（＝2001. 久野

温穏訳『ビッグ・テスト――アメリカの大学入試制度　知的エリート階級はいかにつくられたか』早川書房).
Lewis, Jeffrey, 2004. *Meritocracy: A Love Story*. Haus Publishing.
前川眞一（2015).「試験の日本的風土」独立行政法人大学入試センター入学者選抜研究に関する調査室『大学入試センターシンポジウム2014　大学入試の日本的風土は変えられるか』(報告書).
牧野智和（2012).『自己啓発の時代――「自己」の文化社会学的探求』勁草書房.
増田幸一・徳山正人・斎藤寛治郎（1961).『入学試験制度史研究』東洋館出版社.
松下佳代編著（2010).『〈新しい能力〉は教育を変えるか――学力・リテラシー・コンピテンシー』ミネルヴァ書房.
McNamee Stephen J. & Miller Jr. Robert K.（2009). *The Meritocracy Myth*（*Second Edition*). Rowman & Littlefield Publishers, Inc.
Mills, C. Wright,（1951). *White Collar: The American Middle Classes*. Oxford University Press（=1957, 杉政孝訳『ホワイト・カラー――中流階級の生活探求』東京創元社).
溝上憲文（2005).『超・学歴社会――「人物本位」「能力重視」の幻想』光文社.
永原慶二（1968).「入試制度改善問題私見」『大学基準協会会報』第14号, 43-50頁.
中村高康（2009).「メリトクラシーの再帰性について」『大阪大学大学院人間科学研究科紀要』第35巻, 207-226頁.
中村高康（2011).『大衆化とメリトクラシー――教育選抜をめぐる試験と推薦のパラドクス』東京大学出版会.
中村高康・藤田武志・有田伸編著（2002).『学歴・選抜・学校の比較社会学――教育からみる日本と韓国』東洋館出版社.
20周年記念出版編集委員会（1989).『大学と職業　第Ⅲ編「大学職業指導研究会」20年の歴史・資料編』大学職業指導研究会.
二村一夫（1994).「戦後社会の起点における労働運動」渡辺治他編『日本近現代史4　戦後改革と現代社会の形成』岩波書店.
野村正實（2007).『日本的雇用慣行』ミネルヴァ書房.
尾崎盛光（1967).『日本就職史』文藝春秋.
Riesman, David,（1961). *The Lonely Crowd: A Study of Changing*

American Character. Yale University Press.（＝1964, 加藤秀俊訳『孤独な群衆』みすず書房）.
Rosenbaum, James. E.（1986）. "Institutional Career Structures and the Social Construction of Ability", Richardson ed. *Handbook of theory and research for the sociology of education*. Greenwood Press pp. 139–171.
Rychen, Dominique S. & Salganik, Laura H. eds.（2001）. *Defining and Selecting Key Competencies*. Hogrefe & Huber Publishers.
Rychen, Dominique S. & Salganic, Laura H. eds.（2003）. *Key Compitencies for a Successful Life and a Well-functioning Society*. Hogrefe & Huber Publishers.（＝2006, 立田慶裕監訳『キー・コンピテンシー――国際標準の学力をめざして』明石書店）.
佐藤俊樹編著（2010）.『自由への問い⑥労働』岩波書店.
壽木孝哉（1930）.『學校から社會へ』先進社.
駿河台学園七十年史編纂委員会編（1988）.『駿河台学園七十年史』駿河台学園.
竹内洋（1991）.『立志・苦学・出世　受験生の社会史』講談社学術文庫.
竹内洋（1995）.『日本のメリトクラシー』東京大学出版会.
竹内洋（2008）.『社会学の名著30』ちくま新書.
高橋誠（2011）.『かけ算には順序があるのか』岩波科学ライブラリー.
立田慶裕（2014）.『キー・コンピテンシーの実践』明石書店.
Treiman, Donald J.（1970）. "Industrialization and Social Stratification", *Sociological Inquiry*, 40（Spring）: pp. 207–234.
Trow, Martin A.（1973）. "Problems in the Transition from Elite to Mass Higher Education,"（＝1976.「高等教育の構造変動」天野郁夫・喜多村和之訳『高学歴社会の大学』東京大学出版会）.
内田樹編（2015）.『日本の反知性主義』晶文社.
Weber, Max.（1913）. *Über Einige Kategorien Der Verstehenden Soziologie*.（＝1968, 林道義訳『理解社会学のカテゴリー』岩波書店）.
Young, Michael.（1958）. *The Rise of Meritocracy*. Thames & Hudson.（＝1982, 窪田鎮夫・山元卯一郎訳『メリトクラシー』至誠堂選書）.

ちくま新書
1337

暴走《ぼうそう》する能力主義《のうりょくしゅぎ》
――教育《きょういく》と現代社会《げんだいしゃかい》の病理《びょうり》

二〇一八年六月一〇日　第一刷発行
二〇二四年四月一〇日　第三刷発行

著　　者　中村高康（なかむら・たかやす）
発 行 者　喜入冬子
発 行 所　株式会社 筑摩書房
東京都台東区蔵前二―五―三　郵便番号一一一―八七五五
電話番号〇三―五六八七―二六〇一（代表）
装 幀 者　間村俊一
印刷・製本　株式会社 精興社

ISBN978-4-480-07151-4 C0237

ちくま新書

008
ニーチェ入門
竹田青嗣
新たな価値をつかみなおすために、今こそ読まれるべき思想家ニーチェ。現代の我々をも震撼させる哲人の核心に大胆果敢に迫り、明快に説く刺激的な入門書。

020
ウィトゲンシュタイン入門
永井均
天才哲学者が生涯を賭けて問いつづけた「語りえないもの」とは何か。写像・文法・言語ゲームと展開する特異な思想に迫り、哲学することの妙技と魅力を伝える。

029
カント入門
石川文康
哲学史上不朽の遺産『純粋理性批判』を中心に、その哲学の核心を平明に読み解くとともに、哲学者の内面のドラマに迫り、現代に甦る生き生きとしたカント像を描く。

071
フーコー入門
中山元
絶対的な〈真理〉という〈権力〉の鎖を解きはなち、〈別の仕方〉で考えることの可能性を提起した哲学者、フーコー。一貫した思考の歩みを明快に描きだす新鮮な入門書。

277
ハイデガー入門
細川亮一
二〇世紀最大の哲学書『存在と時間』の成立をめぐる謎とは？　難解といわれるハイデガーの思考の核心を読み解き、西洋哲学が問いつづけた「存在への問い」に迫る。

301
アリストテレス入門
山口義久
論理学の基礎を築き、総合的知の枠組をつくりあげた古代ギリシア哲学の巨人。その思考の方法と核心に迫り、知の探究の軌跡をたどるアリストテレス再発見！

589
デカルト入門
小林道夫
デカルトはなぜ近代哲学の父と呼ばれるのか？　行動人としての生涯と認識論・形而上学から自然学・宇宙論におよぶ壮大な知の体系を、現代の視座から解き明かす。

666 高校生のための哲学入門 長谷川宏

どんなふうにして私たちの社会はここまできたのか。「知」の在り処はどこか。ヘーゲルの翻訳で知られる著者が、自身の思考の軌跡を踏まえて書き下ろす待望の書。

901 ギリシア哲学入門 岩田靖夫

「いかに生きるべきか」という問題は一個人の幸福から「正義」への問いとなり、共同体＝国家像の検討へつながる。ギリシア哲学を通してこの根源的なテーマに迫る。

944 分析哲学講義 青山拓央

現代哲学の全領域に浸透した「分析哲学」。言語のはたらきの分析を通じて世界の仕組みを解き明かすその手法は切れ味抜群だ。哲学史上の優れた議論を素材に説く！

964 科学哲学講義 森田邦久

科学的知識の確実性が問われている今こそ、科学の正しさを支えるものは何かを、根源から問い直さねばならない！　気鋭の若手研究者による科学哲学入門書の決定版。

967 功利主義入門——はじめての倫理学 児玉聡

「よりよい生き方のために常識やルールをきちんと考えなおす」技術としての倫理学において「功利主義」は最有力のツールである。自分で考える人のための入門書。

1045 思考実験——世界と哲学をつなぐ75問 岡本裕一朗

「考える」ための最良の問題を用意しました！　古典的な哲学の難問や複雑な現代を象徴する事件を思考することで、一皮むけた議論ができるようになる。

1076 感情とは何か——プラトンからアーレントまで 清水真木

「感情」の本質とは何か？　感情をめぐる哲学的言説の系譜を整理し、それぞれの細部を精神史の文脈に置きなおす。哲学史の新たな読みを果敢に試みる感情の存在論。

1083
ヨーロッパ思想を読み解く
——何が近代科学を生んだか
古田博司
なぜ西洋にのみ科学的思考が発達したのか。その秘密をカント、ニーチェ、ハイデガーらに探り、西洋独特の思考パターンを対話形式で読み解く。異色の思想史入門。

1119
近代政治哲学
——自然・主権・行政
國分功一郎
今日の政治体制は、近代政治哲学が構想したものだ。ならば、その基本概念を検討することで、いまの民主主義体制が抱える欠点も把握できるはず！　渾身の書き下し。

1165
プラグマティズム入門
伊藤邦武
これからの世界を動かす思想として、いま最も注目されるプラグマティズム。アメリカにおけるその誕生から最新の研究動向まで、全貌を明らかにする入門書決定版。

1281
死刑　その哲学的考察
萱野稔人
死刑の存否をめぐり、鋭く意見が対立している。「結論ありき」でなく、死刑それ自体を深く考察することで、これまでの論争を根底から刷新する、究極の死刑論！

1322
英米哲学入門
——「である」と「べき」の交差する世界
一ノ瀬正樹
夢と現実って本当に区別できるの？　この世界に実は因果関係なんて存在しない？　哲学の根本問題を経験や言語を足場に考え抜く、笑いあり涙あり(？)の入門講義。

907
正義論の名著
中山元
古代から現代まで「正義」は思想史上最大のテーマのひとつでありつづけている。プラトンからサンデルに至る主要な思想のエッセンスを網羅し今日の課題に応える。

1060
哲学入門
戸田山和久
言葉の意味とは何か。私たちは自由意志をもつのか。人生に意味はあるか……こうした哲学の中心問題を科学が明らかにした世界像の中で考え抜く、常識破りの入門書。

ちくま新書

001 **貨幣とは何だろうか** 今村仁司

人間の根源的なあり方の条件から光をあてて考察する貨幣の社会哲学。世界の名作を「貨幣小説」と読むなど貨幣への新たな視線を獲得するための冒険的論考。

047 **スポーツを考える**
——身体・資本・ナショナリズム 多木浩二

近代スポーツはなぜ誕生したのか？ スペクタクルの秘密は何か？ どうして高度資本主義のモデルになったのか？ スポーツと現代社会の謎を解く異色の思想書。

132 **ケアを問いなおす**
——〈深層の時間〉と高齢化社会 広井良典

高齢化社会において、老いの時間を積極的に意味づけてゆくケアの視点とは？ 医療経済学、医療保険制度、政策論、科学哲学の観点からケアのあり方を問いなおす。

261 **カルチュラル・スタディーズ入門** 上野俊哉 毛利嘉孝

サブカルチャー、メディア、ジェンダー、エスニシティ、ポストコロニアリズムなどの研究を通してカルチュラル・スタディーズが目指すものは何か。実践的入門書。

377 **人はなぜ「美しい」がわかるのか** 橋本治

「美しい」とはどういう心の働きなのか？「合理性」や「カッコよさ」とはどう違うのか？ 日本の古典や美術に造詣の深い、活字の鉄人による「美」をめぐる人生論。

395 **「こころ」の本質とは何か**
——統合失調症・自閉症・不登校のふしぎ
シリーズ・人間学⑤ 滝川一廣

統合失調症、自閉症、不登校——。これら三つの「こころ」の姿に光を当て、「個的」でありながら「共同的」でもある「こころ」の本質に迫る、精神医学の試み。

415 **お姫様とジェンダー**
——アニメで学ぶ男と女のジェンダー学入門 若桑みどり

白雪姫、シンデレラ、眠り姫などの昔話にはどのような意味が隠されているか。世界中で人気のディズニーのアニメを使って考えるジェンダー学入門の実験的講義。

819
社会思想史を学ぶ
山脇直司

社会思想史とは、現代を知り未来を見通すための、過去の思想との対話である。近代啓蒙主義からポストモダニズムまで、その核心と限界が丸ごとわかる入門書決定版。

852
ポストモダンの共産主義
――はじめは悲劇として、二度めは笑劇として
スラヴォイ・ジジェク
栗原百代訳

9・11と金融崩壊でくり返された、グローバル危機という掛け声に騙されるな――闘う思想家が混迷の時代を分析、資本主義の虚妄を暴き、真の変革への可能性を問う。

881
東大生の論理
――「理性」をめぐる教室
高橋昌一郎

東大生は理詰めで、知的で、クールなの？　東大の論理学講義で行った対話をもとにして、その発想、論法、倫理にふれる。理性の完全性を考えなおす哲学エッセイ。

893
道徳を問いなおす
――リベラリズムと教育のゆくえ
河野哲也

ひとりで生きることが困難なこの時代、他者と共に生きるための倫理が必要となる。「正義」「善悪」「権利」とは何か？　いま、求められる「道徳」を提言する。

910
現代文明論講義
――ニヒリズムをめぐる京大生との対話
佐伯啓思

殺人は悪か？　民主主義はなぜ機能しないのか？――ニヒリズムという病が生み出す現代社会に特有の難問について学生と討議する。思想と哲学がわかる入門講義。

946
日本思想史新論
――プラグマティズムからナショナリズムへ
中野剛志

日本には秘められた実学の系譜があった。『TPP亡国論』で話題の著者が、伊藤仁斎、荻生徂徠、会沢正志斎、福沢諭吉の思想に、日本の危機を克服する戦略を探る。

990
入門　朱子学と陽明学
小倉紀蔵

儒教を哲学化した朱子学と、それを継承しつつ克服しようとした陽明学。東アジアの思想空間を今も規定するその世界観の真実に迫る、全く新しいタイプの入門概説書。

1000 生権力の思想 ――事件から読み解く現代社会の転換 大澤真幸
我々の生を取り巻く不可視の権力のメカニズムとはいかなるものか。ユダヤ人虐殺やオウム、宮崎勤の犯罪など象徴的事象から、現代における知の転換を読み解く。

1017 ナショナリズムの復権 先崎彰容
現代人の精神構造は、ナショナリズムとは無縁たりえない。アーレント、吉本隆明、江藤淳、丸山眞男らの名著から国家とは何かを考え、戦後日本の精神史を読み解く。

1039 社会契約論 ――ホッブズ、ヒューム、ルソー、ロールズ 重田園江
この社会の起源には何があったのか。ホッブズ、ヒューム、ルソー、ロールズの議論を精密かつ大胆に読みなおし、近代の中心的思想を今に蘇らせる清冽な入門書!

1043 新しい論語 小倉紀蔵
『論語』はずっと誤読されてきた。それは孔子をシャーマンとして捉えてきたからだ。アニミズム的世界観に基づく新解釈を展開。東アジアの伝統思想の秘密に迫る。

1099 日本思想全史 清水正之
外来の宗教や哲学を受け入れ続けてきた日本人。その根底に流れる思想とは何か。古代から現代まで、この国のものの考え方のすべてがわかる、初めての本格的通史。

1146 戦後入門 加藤典洋
日本はなぜ「戦後」を終わらせられないのか。その核心にある「対米従属」「ねじれ」の問題の起源を世界戦争に探り、憲法九条の平和原則の強化による打開案を示す。

1182 カール・マルクス ――「資本主義」と闘った社会思想家 佐々木隆治
カール・マルクスの理論は、今なお社会変革の最強の武器であり続けている。最新の文献研究からマルクスの実像に迫ることで、その思想の核心を明らかにする。

1183
現代思想史入門
船木亨
ポストモダン思想は、何を問題にしてきたのか。生命、精神、歴史、情報、暴力の五つの層で現代思想をとらえなおし、混迷する時代の思想的課題を浮き彫りにする。

1213
農本主義のすすめ
宇根豊
農は資本主義とは相いれない。社会が行き詰まり、自然が壊れかかっているいま、あらためて農の価値を見つめ直す必要がある。戦前に唱えられた思想を再考する。

1245
アナキズム入門
森元斎
国家なんていらない、ひたすら自由に生きよう――プルードン、バクーニン、クロポトキン、ルクリュ、マフノの思想と活動を生き生きと、確かな知性で描き出す。

1259
現代思想の名著30
仲正昌樹
近代的思考の限界を超えようとした現代思想。難解なものが多いそれらの名著を一気に30冊解説する。知っているつもりになっていたあの概念の奥深さにふれる。

1272
入門　ユダヤ思想
合田正人
世界中に散りつつ一つの「民族」の名のもとに存続するユダヤ。居場所とアイデンティティを探求するその英知とは？　起源・異境・言語等、キーワードで核心に迫る。

1292
朝鮮思想全史
小倉紀蔵
なぜ朝鮮半島では思想が炎のように燃え上がるのか。古代から現代韓国・北朝鮮まで、さまざまに展開されてきた思想を霊性的視点で俯瞰する。初めての本格的通史。

1325
神道・儒教・仏教
――江戸思想史のなかの三教
森和也
江戸の思想を支配していた神道・儒教・仏教にこそ、現代人の思考の原風景がある。これら三教が交錯しつつ形作っていた豊かな思想の世界を丹念に読み解く野心作。

ちくま新書

457
昭和史の決定的瞬間
坂野潤治

日中戦争は軍国主義の後ではなく、改革の途中で始まった。生活改善の要求は、なぜ反戦の意思と結びつかなかったのか。日本の運命を変えた二年間の真相を追う。

601
法隆寺の謎を解く
武澤秀一

世界最古の木造建築物として有名な法隆寺は、創建・再建の動機を始め多くの謎に包まれている。その構造から古代史を読みとく、空間の出来事による「日本」発見。

618
百姓から見た戦国大名
黒田基樹

生存のために武器を持つ百姓。領内の安定に配慮する大名。乱世に生きた武将と庶民のパワーバランスとは――。戦国時代の権力構造と社会システムをとらえなおす。

650
未完の明治維新
坂野潤治

明治維新は〈富国・強兵・立憲主義・議会論〉の四つの目標が交錯した「武士の革命」だった。それは、どう実現されたのだろうか。史料で読みとく明治維新の新たな実像。

698
仕事と日本人
武田晴人

なぜ残業するのか？　勤勉は人間の美徳なのか？　江戸時代から現代までの仕事のあり方を辿り、「近代的な」労働観を超える道を探る。「仕事」の日本史200年。

702
ヤクザと日本
――近代の無頼
宮崎学

下層社会の人々が生きんがために集まり生じた近代ヤクザ。格差と貧困が社会に亀裂を走らせているいま、ヤクザの歴史が教えるものとは？

713
縄文の思考
小林達雄

土器や土偶のデザイン、環状列石などの記念物は、縄文人の豊かな精神世界を語って余りある。著者自身の半世紀近い実証研究にもとづく、縄文考古学の到達点。

ちくま新書

734
寺社勢力の中世
――無縁・有縁・移民
伊藤正敏
最先端の技術、軍事力、経済力を持ちながら、同時に、国家の論理、有縁の絆を断ち切る中世の「無縁」所。第一次史料を駆使し、中世日本を生々しく再現する。

933
後藤新平
――大震災と帝都復興
越澤明
東日本大震災後の今こそ、関東大震災からの復興を指揮した後藤新平に学ばねばならない。都市計画研究の第一人者が、偉大な政治家のリーダーシップの実像に迫る。

948
日本近代史
坂野潤治
この国が革命に成功し、わずか数十年でめざましい近代化を実現しながら、やがて崩壊へと突き進まざるをえなかったのはなぜか。激動の八〇年を通観し、捉えなおす。

957
宮中からみる日本近代史
茶谷誠一
戦前の「宮中」は国家の運営について大きな力を持っていた。各国家機関の思惑から織りなされる政策決定を見直し、大日本帝国のシステムと軌跡を明快に示す。

983
昭和戦前期の政党政治
――二大政党制はなぜ挫折したのか
筒井清忠
政友会・民政党の二大政党制はなぜ自壊したのか。軍部台頭の真の原因を探りつつ、大衆政治・劇場型政治が誕生した戦前期に、現代二大政党制の混迷の原型を探る。

1034
大坂の非人
――乞食・四天王寺・転びキリシタン
塚田孝
「非人」の実態は、江戸時代の身分制だけでは捉えられない。町奉行所の御用を担っていたことなど意外な事実を明らかにし、近世身分制の常識を問い直す一冊。

1093
織田信長
神田千里
信長は「革命児」だったのか？　近世へ向けて価値観が大転換した戦国時代、伝統的権威と協調し諸大名や世間の評判にも敏感だった武将の像を、史実から描き出す。

ちくま新書

862
ウェブで学ぶ
――オープンエデュケーションと知の革命
梅田望夫
飯吉透

ウェブ進化の最良の部分を生かしたオープンエデュケーション。アメリカ発で全世界に拡がる、そのムーブメントの核心をとらえ、教育の新たな可能性を提示する。

949
大学の思い出は就活です（苦笑）
――大学生活50のお約束
石渡嶺司

大学生活の悩み解決。楽しく過ごして就活はもちろん社会に出てからも力を発揮する勉強、遊び、バイト経験とは。すごい人をめざす必要なんて、全然ありませんよ。

1014
学力幻想
小玉重夫

日本の教育はなぜ失敗をくり返すのか。その背景には、子ども中心主義とポピュリズムの罠がある。学力をめぐる誤った思い込みを抉り出し、教育再生への道筋を示す。

1026
ユダヤ人の教養
――グローバリズム教育の三千年
大澤武男

グローバルに活躍するユダヤ人。ノーベル賞受賞、世界企業の創業、医師や弁護士……。輝かしい業績を生む彼らの教養・教育への姿勢と実践を苦難の歴史に探る！

1041
子どもが伸びる ほめる子育て
――データと実例が教えるツボ
太田肇

「ほめて育てる」のは意外と難しい。間違えると逆効果。どうしたら力を伸ばせるのか？ データと実例で「ほめ方」を解説し、無気力な子供を変える育て方を伝授！

1047
公立中高一貫校
小林公夫

私立との違いは？ 適性検査の内容は？ どんな子どもが受かるのか？ 難関受験教育のエキスパートが、徹底した問題分析と取材をもとに、合格への道を伝授する。

1174
「超」進学校 開成・灘の卒業生
――その教育は仕事に活きるか
濱中淳子

東西の超進学校、開成と灘に実施した卒業生調査。中高時代の生活や悩みから現在の職業、年収まで詳細に分析。そこから日本の教育と社会の実相を逆照射する。

ちくま新書

1180
家庭という学校
外山滋比古
親こそ最高の教師である。子供が誰でも持つ天才的能力をつなぎとめるには、親が家庭で上手に教育するしかない。誇りを持って、愛情をこめて子を導く教育術の真髄。

1212
高大接続改革
——変わる入試と教育システム
山内太地
本間正人
2020年度から大学入試が激変する。アクティブラーニング（AL）を前提とした高大接続の一環。では、ALとは何か、私たち親や教師はどう対応したらよいか？

606
持続可能な福祉社会
——「もうひとつの日本」の構想
広井良典
誰もが共通のスタートラインに立つにはどんな制度が必要か。個人の生活保障や分配の公正が実現され環境制約とも両立する、持続可能な福祉社会を具体的に構想する。

710
友だち地獄
——「空気を読む」世代のサバイバル
土井隆義
周囲から浮かないよう気を遣い、その場の空気を読もうとするケータイ世代。いじめ、ひきこもり、リストカットなどから、若い人たちのキツさと希望のありかを描く。

718
社会学の名著30
竹内洋
社会学は一見わかりやすそうで意外に手ごわい。でも良質の解説書に導かれれば知的興奮を覚えるようになる。30冊を通して社会学の面白さを伝える、魅惑の入門書。

772
学歴分断社会
吉川徹
格差問題を生む主たる原因は学歴にある。そして今、日本社会は大卒か非大卒かに分断されてきた。そのメカニズムを解明し、問題点を指摘し、今後を展望する。

817
教育の職業的意義
——若者、学校、社会をつなぐ
本田由紀
このままでは、教育も仕事も、若者たちにとって壮大な詐欺でしかない。教育と社会との壊れた連環を修復し、日本社会の再編を考える。